불안해도 괜찮습니다

불안해도
괜찮습니다

국일미디어

머리말

2021년 여름, 생각지도 못한 불안장애 진단을 받았습니다. 마음 속 깊은 곳에서부터 올라오는 불안 때문에 사소한 결정 하나조차 내리지 못하는 날들이 이어졌습니다.

　지역 정신건강센터를 찾았고 이후 정신건강의학과를 방문해 '불안장애 및 우울증'이라는 진단을 들었을 때 제 삶의 한 축이 무너져 내리는 듯했습니다. 동시에 그날은 알프레드 아들러가 말한 '불안의 뿌리'를 처음으로 인식하는 계기가 된 날이기도 했습니다.

　연세대학교 교육학과에서 교육심리학을 공부할 때만 해도 저에게 아들러 심리학은 프로이트의 정신분석학처럼 흔히 접할 수 있는 심리학 이론 중 하나에 불과했습니다. 그러나 불안장애라는 개인적 사건을 겪으며 아들러 심리학을 단순한 학문이 아닌 삶을 붙드는 실질적 철학으로 다시 보게 되었습니다.

불안을 마주한다는 것은 결코 쉽거나 반가운 일이 아닙니다. 그래서 우리는 스스로의 불안과 무기력함을 부인하며 애써 외면하기도 하고 그러다 불안에 짓눌려 정상적인 일상을 누리지 못하게 되기도 합니다.

아들러는 지금의 불안이 어린 시절의 애착관계 형성 과정에서 발생한 '초기의 오류'에서 출발할 수 있다 말합니다. 그러나 그 오류를 인식하고 바로잡을 수 있으며 끊임없는 인정 욕구의 감옥에서 벗어날 수 있다고 강조합니다.

아들러 심리학은 단순한 심리적 위안이 아닙니다. 그것은 자신을 수용하고 타인을 신뢰하며 공동체 속에서 인생의 참된 가치와 행복을 찾도록 돕는 삶의 방식 그 자체입니다. 이를 통해 우리는 타인과의 비교를 멈추고 수직적인 관계가 아닌 수평적인 관계 안에서 비로소 행복을 시작할 수 있습니다.

이 철학은 저에게 '나는 충분히 괜찮다'라는 믿음을 되찾게 해주었고 불안을 성장의 징표로 삼는 법을 알려주었습니다. 『불안해도 괜찮습니다』는 저와 같은 불안을 경험한 이들에게, 혹은 눈에 보이지 않는 내면의 불안 때문에 삶의 방향을 잃은 이들에게 건네는 작은 제안입니다.

이 책을 통해 독자 여러분은 다음과 같은 깨달음을 얻게 될 것입니다.

- 불안은 누구나 경험하는 감정이며 나약함의 증거가 아니라 성장을 향한 신호라는 것

- 보다 행복한 삶을 위해서는 불안의 뿌리를 깨닫고 나를 이해하는 일부터 시작해야 한다는 것

- 나를 수용하고 불안에서 벗어나는 길은 지금 이 책을 읽는 것과 같은 작은 행동으로부터 시작될 수 있다는 것

지금 우리 시대는 그 어느 때보다 불안에 시달리고 있습니다. 끝없는 경쟁, SNS 속 비교, 불확실한 미래가 우리를 끊임없이 흔들고 있습니다. 이런 상황 속에서 독자 여러분이 자신을 다시 돌아보고 더 이상 불안을 '삶의 문제'가 아닌 '삶의 나침반'으로

삼을 수 있도록 돕고자 합니다.

　마지막으로 이 책은 한 번에 쭉 읽는 것이 아닌 하루에 한 장씩 읽는 것을 상정하여 집필됐습니다. 불안은 어떤 지식을 알았다고 해서 바로 해결되지 않습니다. 아들러의 솔루션을 당신의 일상으로 정착시킬 시간이 필요합니다. 앞으로 40일간 하루 한 장씩 읽으며 당신의 내면을 들여다보고 생각의 습관을 바꿔보세요.

　『불안해도 괜찮습니다』가 불안을 짊어진 채 살아가는 모든 이들에게 멈추지 않고 앞으로 나아갈 수 있는 용기와 위안이 되기를 바랍니다.

2025년 9월
최영원

불안,
나만 그런 게 아니야

아들러가 말하는
불안의 진실

Adlerian
Psychology

3부

비교하지 않는 용기,
나를 위한 첫걸음

Adlerian
Psychology

4부

불안,
이제는 내 편으로 만들기

나답게 살아가는 법,
불안과 함께 성장하기

불안은 고통 그 자체보다도
고통이 언제, 어떻게 올지 알 수 없을 때 증폭된다.

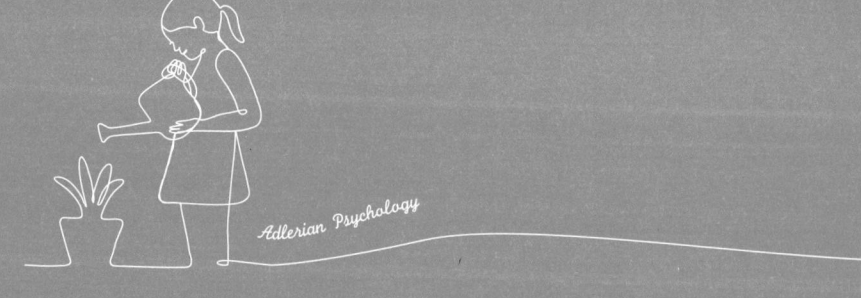
Adlerian Psychology

1부

———

불안,
나만 그런 게 아니야

Day 1

불안은
누구에게나 찾아온다

불안은 인간의 기본 감정이다

불안은 인간이라면 누구나 경험하는 감정이다. 불안은 단순히 부정적인 감정이 아니라 생존을 위해 필수적인 역할을 한다. 원시 시대의 인간은 맹수의 위협과 환경 변화 속에서 생존해야 했으며 이러한 위험을 감지하고 대비하기 위해 불안이라는 감정을 발달시켜 왔다. 현대 사회에서도 불안은 위험을 피하고 신중한 결정을 내리도록 돕는 기능을 한다.

그러나 문제는 불안이 지나치게 강하거나 지속될 때 발생한다.

원래는 위험을 경고하는 신호에 불과했던 불안이 일상을 잠식하면 삶의 질이 급격히 저하된다. 중요한 발표를 앞두고 적절한 긴장을 느끼는 것은 도움이 되지만 지나친 불안으로 인해 목소리가 떨리거나 말문이 막히고 자신감을 잃는다면 이는 문제가 된다.

많은 사람들이 불안을 단순한 결점이나 나약함으로 여기지만 이는 잘못된 생각이다. 불안은 인간이라면 누구나 경험하는 자연스러운 감정이며 이를 부정하거나 억누르기보다는 제대로 이해하고 다루는 것이 중요하다. 아들러는 불안을 포함한 감정을 개인의 선택과 해석에 따라 다르게 경험할 수 있다고 보았다. 그는 인간이 환경의 희생자가 아니라 삶의 태도와 해석 방식을 통해 현실을 변화시킬 수 있다고 강조했다.

특히 아들러는 감정을 단순히 수동적으로 주어지는 것이 아니라 목적을 가진 행동의 한 형태로 이해했다. 즉, 불안은 때때로 어떤 상황을 회피하거나 책임을 피하기 위한 수단으로 사용되기도 한다. 예를 들어 누군가가 발표를 앞두고 '불안해서 못하겠다'고 말할 때 이 불안은 실수를 피하거나 타인의 평가를 피하고 싶은 무의식적인 목적을 드러내는 감정일 수 있다. 아들러는 이처럼 감정이 목적에 따라 선택된다고 보았고 따라서 불안을 단순히 제거해야 할 감정으로 보지 않았다.

불안을 적으로 삼기보다는 그것이 어떤 메시지를 전하려 하는지를 이해하고 삶의 방향을 점검하는 계기로 삼는 것이 아들러 심리학의 핵심이다. 불안은 우리를 멈추게 하는 장애물이 아니라 성장의 방향을 가리키는 신호가 될 수 있다.

나만 불안한 것이 아니다

많은 사람들은 자신만 유독 불안을 많이 느끼는 것처럼 생각한다. 그러나 실제로는 그렇지 않다. 사람들은 자신의 내면에는 잘 집중하는 반면 타인의 불안은 잘 보지 못한다. SNS를 보면 모두가 행복하고 성공적으로 살아가는 것처럼 보이지만 이는 편집된 이미지일 뿐이다. 타인도 나처럼 불안을 느끼고 있으며 각자 이를 다루기 위해 노력하고 있다는 사실을 알아야 한다.

실제로 불안은 현대 사회에서 매우 보편적인 정서다. 보건복지부가 발표한 「2022년 정신건강실태조사」에 따르면 20대의 약 47.2%가 '일상에서 중등도 이상의 불안을 경험한 적이 있다'고 응답했다. 또한 세계보건기구WHO는 코로나19 이후 전 세계적으로 불안 장애가 25% 이상 증가했다고 보고한 바 있다. 특히 성공에 대한 압박, 관계에서의 긴장, 불확실한 미래는 불안을 자극하는 주요 요인으로 작용한다. 이러한 데이터는 불안이 결코 개인의 약함에서 비롯된 것이 아님을 보여준다. 불안을 느끼는 것은 인간으로서 지극히 자연스러운 반응이며 오히려 지금 시대를 살아가고 있다는 증거이기도 하다. 따라서 불안을 숨기거나 부끄러워하기보다는 그 감정을 있는 그대로 인정하고 건강하게 다루는 태도가 필요하다.

현대 사회는 불안을 증폭시키는 구조를 가지고 있다. 취업, 인간관계, 경제적 불안정성 등은 불안을 더욱 심화시키는 요인이다. 심리학 연구에 따르면 불안을 경험하는 정도에는 개인적인 성향보다도 환경적 요인이 크게 작용한다. 즉, 불안을 느끼는 것은 개인의 문제가 아니라 사회가 만들어낸 현상일 수 있다.

이러한 관섬에서 불안을 바라보면 사기 자신을 불필요하게 미난할 필요가 없다는 사실을 깨닫게 된다. 불안을 느끼는 것은 이상한 것이 아니라 누구나 겪는 자연스러운 과정이다. 아들러 심리학에서는 개인이 처한 환경과 그에 대한 해석 방식을 중요하게 여긴다. 우리가 처한 상황 자체보다 그 상황을 어떻게 해석하느냐가 삶의 질을 결정짓는다는 것이다. 즉, 같은 상황에서도 어떤 사람은 불안에 휩싸이는 반면 다른 사람은 담담히 받아들이며 자신만의 방식으로 대응한다. 이는 그들이 처한 환경이 달라서

가 아니라 그 환경을 바라보는 태도와 믿음이 다르기 때문이다.

따라서 불안을 줄이기 위한 실질적인 방법은 외부 상황을 통제하려 애쓰기보다 자신이 가지고 있는 생각과 해석의 틀을 점검하는 데에서 출발해야 한다. 지금 내가 느끼는 불안은 어떤 상황에서 비롯되었는지, 그 상황을 나 스스로 어떤 시선으로 바라보고 있는지를 들여다보는 연습이 필요하다. 예를 들어 '사람들이 나를 무능하게 볼 거야'라는 생각이 들 때 '정말 모든 사람이 그렇게 생각할까?', '그 생각은 내가 만들어낸 해석일 뿐 아닐까?', '나는 지금 충분히 최선을 다하고 있는가?' 같은 질문을 스스로에게 던져보는 것이다. 이처럼 생각의 방향을 전환하는 작은 시도만으로도 불안은 조금씩 줄어들 수 있다.

아들러는 인간을 상황의 피해자가 아니라 스스로 의미를 선택하고 만들어갈 수 있는 존재로 보았다. 불안을 없애는 것이 아니라 그 불안을 어떻게 받아들이고 해석하느냐가 핵심인 이유가 여기에 있다. 지금의 불안한 감정이 꼭 잘못된 것이 아님을 이해하고 나의 내면에서 일어나는 해석을 점검하는 태도만으로도 우리는 불안에 휘둘리는 대신 그 감정을 삶의 나침반으로 삼을 수 있게 된다.

불안은 극복하는 것이 아니라 함께 살아가는 것이다

많은 사람들이 불안을 극복해야 할 대상으로 여긴다. 불안을 없애야만 행복할 수 있다고 믿으며 불안을 없애기 위해 다양한 방법을 찾는다. 하지만 아들러는 불안을 완전히 없애려는 노력보다 불안과 함께 살아가는 태도를 가지는 것이 더 중요하다고 보았다. 불안은 인간의 기본적인 감정이기에 이를 억누르거나 피하는 것은 현실적으로 불가능하다.

불안을 극복하려는 시도는 때로는 역효과를 불러오기도 한다. 불안을 없애려 할수록 오히려 불안은 더욱 강해지는 경우가 많다. 이는 불안 자체보다 불안을 느끼는 자신을 부정하는 태도에서 비롯된다. 불안을 부정하는 것이 아니라 이를 인정하고 받아들이는 것이 더 건강한 방식이다.

아들러 심리학에서는 불안을 '성장을 위한 신호'로 본다. 불안이 생기는 이유는 변화가 필요하기 때문이다. 현재 상태에 안주하는 것이 아니라 더 나은 방향으로 나아가려는 마음이 있기 때문에 불안이 발생하는 것이다. 따라서 불안을 단순히 없애야 할 대상으로 보는 것이 아니라 이를 성장의 계기로 삼는 태도가 필요하다.

불안은 누구에게나 찾아온다. 그러나 그것을 어떻게 받아들이고 활용하는지는 전적으로 개인의 선택에 달려 있다. 불안을 부정하는 것이 아니라 이를 이해하고 다루는 것이야말로 아들러가 강조한 용기의 심리학이다.

『미움받을 용기』에서 아들러 심리학을 해설한 기시미 이치로岸見一郎는 "불안을 느끼는 것 자체는 문제가 되지 않는다. 중요한 것은 그 불안을 안고서도 한 걸음을 내딛는 용기다"라고 말한다. 아들러가 말한 용기란 단지 두려움이 없는 상태가 아니라 두려움에도 불구하고 앞으로 나아가는 태도를 의미한다. 완벽하지 않아도, 불안하더라도 지금 할 수 있는 행동을 선택하는 것이 곧 '행동의 용기'이다.

이 책의 첫걸음인 '불안은 누구에게나 찾아온다'는 메시지는 결국 우리 모두가 같은 출발선에 서있다는 사실을 알려준다. 그리고 그 불안 앞에 어떤 태도를 취할지는 오롯이 나의 몫이다. 불안을 무력하게 받아들이는 대신 그 불안을 성장의 계기로 전환하려는 용기야말로, 우리가 이 책을 통해 함께 찾아가고자 하는 방향이다.

불안해도 괜찮습니다

Day 2

나는 왜 이렇게
불안할까?

불안의 뿌리: 불확실성에 대한 두려움

불안의 가장 근본적인 원인은 바로 불확실성이다. 인간은 본능적으로 예측 가능한 환경 속에서 안전함을 느낀다. 반면 결과를 알 수 없는 상황이나 통제할 수 없는 미래에 직면하면 불안이 찾아온다. 시험을 앞두거나 새로운 직장에 지원할 때, 혹은 인간관계에서 예상치 못한 갈등이 발생했을 때 느끼는 불안은 모두 이 불확실성에서 비롯된다.

이와 관련해 유니버시티 칼리지 런던UCL의 신경과학자 아치 드

버커Archy de Berker와 그의 연구팀이 진행한 한 실험은 불확실성이 인간의 불안에 어떤 영향을 미치는지를 명확히 보여준다. 참가자들에게 전기 충격을 줄 수도 있는 상황을 만들고, 어떤 그룹에게는 100% 확실하게 전기 충격이 주어진다고 고지하고 다른 그룹에게는 50% 확률로 충격이 올 수 있다고 알렸다. 실험 결과 100% 충격을 받는다고 예고된 참가자들보다 50% 확률의 집단이 훨씬 더 높은 불안 반응을 보였다. 즉, 고통이 확실한 것보다 '올 수도 있고 안 올 수도 있는' 상황이 사람에게 더 큰 스트레스를 준다는 것이다. 이는 우리가 종종 겪는 '차라리 확실한 실패가 낫지 기다리는 게 더 괴롭다'고 말하는 상황과도 맞닿아있다.

이처럼 불안은 고통 그 자체보다도 고통이 언제, 어떻게 올지 알 수 없을 때 훨씬 더 증폭된다. 불확실한 미래는 우리를 무력하게 만들고 통제감을 상실하게 한다. 그리고 이는 곧 불안이라는 감정으로 나타난다.

그렇기 때문에 불안을 줄이기 위해서는 상황을 완전히 통제하려 하기보다 통제할 수 없는 것을 받아들이는 훈련이 더욱 필요하다. 불확실성을 없애는 것이 아니라 불확실성과 함께 살아가는 심리적 유연성이 중요하다. 심리학자들은 불안을 '미래에 대한 부정적인 기대'로 정의한다. 이는 실제로 발생하지 않은 일에 대해 미리 걱정하고 두려워하는 것이다. 아들러 역시 불안의 본질을 미래의 가능성에 대한 상상으로 보았다. 즉, 아직 일어나지 않은 일에 대한 생각이 불안을 증폭시킨다는 것이다.

불안을 느끼는 것은 자연스럽다. 문제는 그 불안이 우리의 일상에 얼마나 깊이 영향을 미치는가이다. 어떤 사람은 불안을 일시적인 감정으로 받아들이고 흘려보낼 수 있지만 어떤 사람은 불안이 삶의 중심이 되어버리기도 한다. 이는 불안이라는 감정 자체가 문제가 아니라 그 감정을 어떻게 해석하고 반응하는가에 달려 있다.

비교와 인정 욕구가 키우는 불안

불안은 종종 타인과의 비교에서 비롯된다. 현대 사회는 끊임없이 경쟁과 비교를 부추기는 구조로 되어 있다. SNS에 올라오는 타인의 성공, 행복한 일상, 멋진 여행 사진들은 우리의 불안을 자극한다. 우리는 무의식적으로 '나는 왜 저 사람처럼 성공하지 못했을까?', '나는 왜 이렇게 부족할까?'라는 질문을 스스로에게 던진다.

아들러는 이러한 비교에서 오는 불안을 열등감이라고 정의했다. 그러나 그는 열등감을 부정적으로만 보지 않았다. 열등감은 성장의 동기가 될 수 있기 때문이다. 다만 자신의 가치를 타인과의 비교로 판단하게 되면 문제가 된다. 즉, 열등감 자체보다 그것을 어떻게 해석하느냐가 더 중요하다는 것이다.

이러한 생각은 아들러 자신의 삶에서도 비롯된 것이었다. 그는 유년 시절 심각한 구루병과 폐렴을 앓으며 또래 아이들보다 신체적으로 열등한 상태에서 자라야 했다. 운동장에서 친구들이 자유롭게 뛰노는 동안 그는 종종 옆에서 지켜보기만 해야 했다. 특히 형에 비해 병약했던 그는 자연스럽게 비교의 대상이 되었고 스스로도 심한 열등감을 느꼈다고 한다.

그러나 아들러는 그 경험을 단순한 '결핍'으로 여기지 않았다. 오히려 그 열등감이 '내가 어떤 사람이 되고 싶은가'를 생각하게 만들었고 자신만의 방향을 찾는 계기가 되었다고 회고한다. 그는 몸은 약했지만 지적으로 뛰어날 수 있다는 믿음을 갖고 공부에 집중했고 결국 의학과 심리학 분야에서 독자적인 이론을 구축하는 인물로 성장하게 되었다.

그는 이렇게 말했다. "열등감은 우리가 더 나아지기를 원하는 신호다. 중요한 것은 열등감을 숨기려는 것이 아니라 그것을 성장의 연료로 전환하는 용기다." 이처럼 아들러에게 열등감은 극복의 대상이 아니라 방향을 바꾸는 나침반 같은 것이었다. 타

불안해도 괜찮습니다

인과의 비교로 인해 열등감을 느낄 수는 있지만 그 감정을 어떻게 받아들이고 활용할지는 온전히 자신의 몫이다.

인정 욕구 또한 불안을 키우는 중요한 요인이다. 우리는 다른 사람의 인정을 통해 자신의 가치를 확인받고 싶어 한다. 그러나 타인의 인정에 지나치게 의존하면 우리는 스스로의 가치를 타인의 시선에 맡기게 된다. 이로 인해 작은 비판에도 불안해지고 실패를 두려워하게 된다.

특히 현대 사회는 우리를 끊임없이 비교와 평가의 시스템 안으로 밀어넣는다. SNS 속 '좋아요'나 댓글 수, 회사의 실적 평가나 학교의 성적처럼, 우리는 수많은 외부 기준에 따라 '인정받을 만한 사람인지'를 판단받는다. 이 구조 속에서 자란 사람들, 특히 어린 시절에 충분한 애정이나 지지를 받지 못한 경험이 있는 사람들은 인정 욕구에 더욱 민감하게 반응하게 된다.

심리학자 도널드 위니컷Donald Winnicott은 "아이는 '있는 그대로의 나'를 받아주는 누군가를 통해 스스로를 존재할 수 있는 사람으로 느끼게 된다"고 말한 바 있다. 가정이나 학교, 사회로부터 일관된 수용을 받지 못한 이들은 스스로의 존재 가치를 내부에서 확립하기 어려운 경우가 많다. 이들은 타인의 평가에 예민해지고 칭찬을 받으면 살아있는 것 같다가도 무시당하면 존재가 무너지는 듯한 감정을 겪는다. 결과적으로 인정에 대한 갈망은 더 강해지고 그만큼 불안도 깊어진다. 내 존재의 가치를 외부의 평가에만 의존한다면 우리는 어른이 된 후에도 끊임없이 불안에 시달릴 수밖에 없다. 진정한 안정감은 '누가 인정해주느냐'보다 '나는 나를 어떻게 대하고 있느냐'에서 비롯된다.

따라서 불안을 줄이기 위해서는 인정받고자 하는 욕구 자체를 억누르려 하기보다 그 욕구의 뿌리를 들여다보고 '나는 어떤 상황에서 가장 나다워지는가', '인정이 아니라도 내 가치를 확인할 수 있는 방법은 무엇인가'를 질문해보는 태도가 필요하다.

인정은 외부로부터 오는 것이 아니라 내면에서 자라나는 자기존중감이 되어야 한다. '나는 왜 이렇게 불안할까?'라는 질문의 답은 결국 나의 내면에 있다. 타인과의 비교, 인정 욕구, 완벽해야 한다는 강박이 불안을 증폭시키는 것이다. 불안을 줄이기 위해서는 이러한 외부의 기준에 의존하는 것이 아닌 나만의 내적 기준을 세우는 것이 중요하다.

불안은 나를 지키기 위한 마음의 신호

불안은 단순히 나를 괴롭히는 감정이 아니다. 오히려 불안은 나를 지키기 위한 마음의 신호다. 불안은 우리에게 '지금 뭔가 중요한 일이 있다', '주의가 필요하다'라는 메시지를 전달한다. 위험한 상황에서 불안은 경고등 역할을 하고 더 나은 선택을 할 수 있도록 돕는다.

예를 들어 중요한 발표를 앞두고 불안을 느끼는 것은 그 상황이 나에게 중요하다는 것을 의미한다. 이 불안은 더 철저한 준비를 하도록 동기를 부여할 수 있다. 만약 불안이 전혀 없다면 우리는 중요한 상황에도 무심하거나 무책임하게 대응할 수 있다.

아들러는 불안을 문제가 아닌 성장의 기회로 바라보았다. 불안은 변화가 필요하다는 신호일 수 있으며, 현재 상황에 안주하지 말고 더 나은 방향으로 나아가라는 메시지를 담고 있을 수 있다. 중요한 것은 불안을 억누르거나 회피하는 것이 아니라 그 감정을 직면하고 '이 불안이 나에게 무엇을 말하고 있는가?'를 스스로에게 질문하는 것이다.

불안은 사라져야 할 감정이 아니라 이해하고 활용해야 할 감정이다. 불안을 통해 우리는 자신의 내면을 들여다보고 삶의 방향성을 점검할 수 있다. 결국 불안은 나를 괴롭히는 적이 아니라 나를 성장으로 이끄는 동반자인 셈이다.

불안은 누구나 경험하는 자연스러운 감정이며 그 뿌리는 불확실성과 비교, 인정 욕구에 있다. 하지만 불안은 단순히 부정적인 감정이 아니라 나를 보호하고 성장으로 이끄는 신호다. 아들러가 말했듯 불안을 없애려 하기보다는 그 의미를 이해하고 나만의 방식으로 받아들이는 것이 더 건강한 삶을 위한 첫걸음이다.

불안해도 괜찮습니다

Day 3

비교는 어떻게
마음을 병들게 하는가

비교의 시작: 나보다 더 나은 사람이라는 착각

> "사람은 자신보다 조금이라도 나은 사람을 보면,
> 도저히 견디지 못하는 법이야."
>
> 표도르 도스토옙스키 『죄와 벌』

비교는 인간의 본능적인 성향 중 하나다. 우리는 무의식적으로
주변 사람들과 자신을 비교하며 자신의 위치를 확인하고 이를

통해 존재 가치를 평가하려 한다. 이 과정은 성장의 동기가 되기도 하지만 반복될수록 마음을 병들게 하는 독이 되기도 한다. 도스토옙스키가 말했듯 인간은 스스로를 남과 견주는 일을 멈추기 어렵다. 특히 그 비교 대상이 '나보다 조금 더 나은 사람'일 때 우리는 자존감의 균형을 가장 심하게 잃는다.

현대 사회는 비교를 부추기는 구조로 가득 차 있다. SNS 속 화려한 일상, 성공한 사람들의 이야기, 끊임없이 쏟아지는 성과 지표들은 '나보다 더 나은 사람'이 항상 어딘가에 존재한다는 착각을 심어준다. 우리는 자신이 가진 것보다 남이 가진 것을 더 오래, 더 깊이 바라보며 상대적인 결핍을 느낀다. 그리고 그 결핍은 곧 불안이라는 감정으로 바뀌어 우리 삶에 스며든다.

아들러는 이러한 비교의 심리적 기제를 '열등감'으로 설명했다. 열등감은 본래 성장의 원동력이 될 수 있는 긍정적 요소다. 내가 더 나은 사람이 되기를 바라는 마음은 자신을 발전시키는 데 필요한 중요한 감정이다. 그러나 이 열등감이 타인과의 비교에서 비롯되면 건강한 동기가 아닌 끊임없는 결핍감으로 변질된다. '나는 왜 저 사람처럼 성공하지 못했을까?'라는 질문은 곧 '나는 부족한 사람이다'라는 결론으로 이어지고 이는 자기 가치에 대한 왜곡된 인식을 심어준다.

불안해도 괜찮습니다

아들러는 이러한 상태를 '병적인 열등감'이라 불렀다. 그는 인간이 누구나 열등감을 가지고 있으며 이는 본질적으로 자연스러운 감정이라 했지만 그 열등감을 극복하기 위해 지나친 보상 compensation을 추구하거나 오히려 무기력과 포기로 일관하는 태도는 건강하지 않다고 보았다. 특히 타인과의 비교를 통해 열등감을 키워온 사람은 자신의 존재 가치를 외부 기준에 전적으로 맡겨버리는 경향이 강해진다.

예컨대 누군가의 칭찬이 없으면 스스로를 인정하지 못하거나, 실패를 두려워해 새로운 도전을 시도조차 하지 못하는 경우가 그렇다. 이처럼 타인의 모습에만 기준을 맞추게 되면 결국 자신의 삶은 '내가 원하는 방향'이 아니라 '남들이 기대하는 방향'으로만 흘러가게 된다. 이는 아들러가 말한 '자기 인생의 주체로 살아가기 위한 용기'와는 정반대의 모습이다.

따라서 아들러는 비교에서 오는 열등감이 아니라 자신만의 과제를 인식하고 그 해결을 향한 노력이 진정한 성장을 가능하게 한다고 보았다. 중요한 것은 '저 사람보다 낫고 싶다'는 욕망이 아니라 '나는 어떤 삶을 살아가고 싶은가'라는 자기중심적 질문이다. 비교를 멈추는 순간 우리는 비로소 자기 삶의 방향을 되찾게 된다.

비교가 만들어내는 감정의 악순환

비교의 가장 큰 문제는 출발점이 불완전한 정보에서 시작된다는 점이다. 우리는 타인의 삶의 일부, 특히 가장 빛나는 순간만을 보고 비교한다. 마치 영화의 하이라이트 장면과 자신의 일상 전체를 견주는 것과 같다. 이 과정에서 '나만 부족한 것 같다'는 착각에 빠지게 되고 이는 불안과 우울의 원인이 된다.

실제로 하버드대학교의 심리학자 쇼샤나 주보프Shoshana Zuboff와 동료 연구진이 진행한 한 실험은 소셜미디어 상의 비교가 자존감에 어떤 영향을 미치는지를 보여준다. 연구 참가자들에게 인스타그램이나 페이스북 피드처럼 구성된 타인의 '성공적이고 행복한 일상'을 짧은 시간 동안 관찰하게 한 뒤, 자신의 감정 상태를 측정하게 했다. 그 결과 피드를 본 대부분의 참가자들의 삶에 대한 만족도는 낮아지고 자존감은 일시적으로 떨어졌다고 한다. 그들은 공통적으로 '나는 뒤처진 것 같다'는 느낌이 강하게 들었다고 한다.

우리는 우리가 비교하고 있는 대상이 '실제 타인의 삶 전체'가 아니라 타인이 의도적으로 선택한 긍정적 이미지의 조각들임을 인식해야 한다. 비교는 대상의 정보가 완전하지 않을수록 더 쉽게 왜곡된다. 타인의 삶에 대한 단편적인 이미지와 나의 내면을 그대로 견주는 일은 본질적으로 불공정한 싸움이다.

우리는 남의 앞면을 보고 나의 뒷면을 평가하며 그 과정에서 스스로를 과하게 깎아내리게 된다. 이런 비교의 왜곡을 인식하는 것만으로도 불안은 상당 부분 줄어들 수 있다. 중요한 것은 타인의 삶을 들여다보는 것이 아니라 나의 삶을 어떤 시선으로 바라보느냐이다. 비교의 기준이 바뀌는 순간 불안의 크기도 달라진다.

비교는 단순한 감정에서 끝나지 않는다. 타인과의 비교는 불안, 질투, 열등감, 자기비하라는 감정의 악순환을 만든다. 처음에는 단순한 호기심에서 시작된 비교가 시간이 지날수록 자신을 깎아내리는 도구로 변하게 된다. 이는 성취감과 자존감을 갉아먹으며 결국에는 자기 존재에 대한 신뢰마저 흔들리게 만든다.

이러한 감정의 악순환은 특히 SNS에서 두드러진다. 우리는 다른 사람의 행복한 순간을 보고 자신과 비교하며 불안해진다. 그리고 이 불안을 해소하기 위해 더 많은 성취를 추구하거나, 자신도 '행복한 척'하며 타인에게 인정받으려 한다. 그러나 이는 일시적인 만족감만 줄 뿐 근본적인 불안은 해소되지 않는다. 오히려 비교의 대상은 계속해서 늘어나고 만족의 기준은 점점 높아진다.

아들러는 이러한 상태를 '인정 욕구의 함정'이라고 설명했다. 타인의 인정에 의존하면 할수록 우리는 점점 더 외부의 평가에 휘둘리게 된다. 자신이 아닌 타인의 기준에 맞춰 살아가게 되고 이는 스스로를 통제할 수 없다는 무력감으로 이어진다. 결국 우리는 타인의 시선을 통해서만 자신의 가치를 확인받으려 하며 이는 끊임없는 비교와 불안의 원천이 된다.

비교의 덫에서 벗어나는 법

비교의 덫에서 벗어나기 위해 가장 먼저 해야 할 일은 비교 자체를 억지로 멈추려 애쓰는 것이 아니다. 오히려 '비교하지 않겠다'는 강박은 또 다른 형태의 비교를 낳는다. '나는 왜 자꾸 비교하게 될까?'라는 자책을 통해 다시 한번 자기 자신을 평가하게 되는 것이다. 아들러는 이러한 심리적 딜레마를 해결할 방법에 대해 비교를 근절하려 하지 말고 비교의 방향을 바꾸는 것이 중요하다고 강조했다. 기준을 외부가 아닌 자기 자신에게로 옮겨야 한다는 것이다.

아들러는 우리가 타인의 인생 과제를 들여다보며 스스로를 괴롭히는 대신 자신의 과제에 집중할 수 있어야 진정한 자유를 누릴 수 있다고 말했다. 그는 "진정한 경쟁은 타인이 아닌 오직 어제의 나와의 경쟁이다"라고 말한 바 있다. 다시 말해 중요한 것은 '남보다 잘했는가'가 아니라 '나는 나만의 길을 얼마나 꾸준히 걷고 있는가'이다. 타인의 인생은 타인의 문제이며 그 비교는 끝이 없고 무의미하다는 점을 인식하는 것이 그 길의 출발점이다.

비교의 방향을 바꾸는 데 도움이 되는 한 가지 방법은 매일 자신에게 아주 작은 질문을 던져보는 것이다.

'나는 오늘 어제보다 조금이라도 나아졌는가?'

이 질문은 성과나 결과를 묻지 않는다. 타인의 상황을 기준 삼지 않는다. 단지 '내가 나에게 충실했는가'를 묻는다. 이는 아들러가 말한 '자기 인생을 책임지는 태도'이자 불안의 뿌리를 줄이는 가장 실천적인 접근법이기도 하다.

타인을 기준으로 삼는 삶은 끊임없는 불안과 비교를 낳지만 자신을 기준으로 삼는 삶은 비로소 내면의 안정과 자기 수용으로 이어진다. 비교를 멈추는 것이 아니라 비교의 중심을 바꾸는 것. 그것이야말로 아들러가 말한 '비교의 덫에서 벗어나는 첫걸음'이다.

비교는 인간의 본능적인 감정이지만 그것이 자신을 평가하는 기준이 되어서는 안 된다. 타인과의 비교가 아닌 나만의 기준과 가치를 세우고 매일 조금씩 성장하는 자신을 인정하는 것이야말로 불안과 열등감에서 벗어나는 첫걸음이다. 나를 남과 비교하는 대신 어제의 나와 비교하라. 그곳에 진짜 성장이 있다.

Day 4

인정받고 싶은 욕구가
나를 괴롭힌다

인정 욕구는 왜 우리를 괴롭게 하는가

인정받고 싶은 욕구는 인간이라면 누구나 지닌 자연스러운 감정이다. 어린 시절부터 우리는 부모님, 선생님, 친구들로부터 칭찬과 격려를 받으며 성장해왔다. 이런 경험은 긍정적인 자존감형성에 도움을 주기도 하지만 때로는 나의 가치를 결정하는 기준을 타인의 인정에서 찾도록 사고를 굳혀버린다. 이때부터 우리는 스스로의 행복이 아닌 타인의 시선과 평가에 의존하는 삶을 살게 된다.

드라마 「SKY 캐슬」의 강예서는 그 대표적인 사례다. 어린 시절부터 부모의 기대와 칭찬 속에서 성장하며 '잘해야만 사랑받는다'는 믿음을 내면화했다. 끊임없이 주어진 격려와 기대는 자존감을 키우는 대신 성취와 인정으로만 자신의 가치를 확인하게 만들었다. 그런 환경 속에서 그녀는 본능적으로 '인정받기 위한 전략'을 택한다. 완벽한 성적과 서울대 의대 진학이라는 목표를 자신의 존재 이유와 동일시하며 끝없는 경쟁 속으로 자신을 몰아붙인다. 진정한 인정이나 안정감을 얻지 못한 채 점점 불안과 압박감 속에 무너져가는 것이다. 강예서의 모습은 우리가 무의식적으로 반복하는 인정 욕구의 한계를 적나라하게 드러낸다. 그것은 자존감을 채우는 길이 아니라 오히려 자존감을 외부에 의존하게 만드는 과정이 될 수 있다.

타인의 인정은 따뜻할 수는 있어도 궁극적으로 나를 지탱해주는 기반이 될 수는 없다. 아들러가 말했듯이 우리는 '누구에게 인정받기 위한 존재'가 아니라 '있는 그대로 존재할 수 있는 사람'이어야 한다. 인정 욕구가 나를 움직이는 원동력이 되기보다 나를 가두는 족쇄가 되지 않도록 지금의 나는 누구를 위해 살아가고 있는지를 끊임없이 물어야 한다.

아들러는 인정 욕구를 인간의 가장 큰 심리적 장애물로 보았다. 그는 "타인의 인정을 받으려는 욕구가 클수록 우리는 더 쉽게 불안과 열등감에 휘말린다"고 말한다. 인정 욕구는 우리를 끊임없이 비교와 경쟁 속으로 몰아넣으며 다른 사람들의 평가가 부정적일 경우 스스로를 무가치하게 여기도록 만든다.

이 욕구의 가장 큰 문제점은 절대 만족할 수 없다는 점이다. 오늘 누군가의 칭찬을 받았다고 해서 내일의 불안이 사라지지 않는다. 오히려 더 큰 인정과 칭찬을 갈구하게 되고 이 과정은 끊없이 반복된다. 결국 우리는 진정한 자아가 아닌 타인의 기대에 맞춘 가짜 자아를 지니고 살아가게 된다.

실제로 대학내일 20대연구소가 2016년에 발표한 「20대의 인정 욕구에 대한 인식 및 실태 조사」에 따르면 20대의 80%가 타인의 인정을 통해 자존감이 높아진다 느낀다고 응답하었나. 이는 많은 청년들이 자신의 자존감을 외부의 평가에 의존하고 있음을 보여준다.

또한 최근 미국심리학회APA 저널에 실린 연구에서는 인정 욕구가 충족되지 않을 때 자존감 저하와 우울 증상이 증가한다고 밝혀졌다. 이 연구는 인정 욕구가 단순한 감정을 넘어 우리의 사회적 행동과 정신 건강에 깊은 영향을 미친다는 것을 시사한다.

이러한 연구 결과들은 타인의 인정에 과도하게 의존할 경우

일시적인 만족감은 얻을 수 있을지 몰라도 장기적으로는 자존감의 불안정성과 정신 건강 문제로 이어질 수 있음을 경고한다. 따라서 진정한 자존감은 외부의 인정이 아닌 자기 자신에 대한 긍정적인 평가와 수용에서 비롯되어야 한다.

타인의 시선에 갇힌 삶의 위험성

타인의 시선에 갇힌 삶은 언뜻 보면 사회적으로 성공한 것처럼 보일 수 있다. 말과 행동을 조심하고 실수하지 않으려 노력하며 누군가의 기대에 부응하려 애쓰는 모습은 책임감 있고 모범적인 사람처럼 비칠 수 있다. 하지만 그 이면에는 늘 불안과 두려움이 자리 잡는다. '사람들이 나를 어떻게 볼까?', '내가 충분히 잘하고 있는 걸까?', '혹시 실수하면 나를 무시하지 않을까?' 같은 생각은 자신감을 갉아먹고 자존감을 약화시킨다.

우리가 불안을 느끼는 이유 중 하나는 바로 타인의 평가를 통제할 수 없기 때문이다. 아무리 노력해도 모든 사람을 만족시킬 수는 없다. 완벽을 기해도 누군가는 비판하고 친절을 베풀어도 오해받을 수 있다. 그럼에도 우리는 끊임없이 타인의 인정과 긍정을 통해 스스로의 가치를 확인하려 한다. 인정받지 못할까 봐, 무시당할까 봐 불안해하며 그렇게 타인의 기대에 스스로를 맞춘다.

아들러는 이 문제에 대해 단호하게 경고했다.

> "타인의 기대에 맞추려는 순간
> 당신은 스스로를 잃는다."

타인의 시선이 중심이 되는 삶은 결국 자기 삶의 주도권을 내어주는 것이며, 자아 정체성을 흐리게 만든다. 무엇이 나다운지, 나는 무엇을 원하는지조차 잊게 된다. 그 결과 일시적인 안정감은 얻을지 몰라도 내면은 점점 더 공허해지고 이는 우울감과 불안 장애, 심리적 번아웃으로 이어질 수 있다.

그는 '타인의 인정에 의존하는 삶은 인생의 주도권을 포기하는 행위'라고 봤다. 인간의 가장 큰 과제는 자율적인 존재로 성장하는 것이며 이는 타인의 시선이 아닌 자신의 가치 기준에 따라 선택하고 행동할 수 있을 때 가능하다. 삶의 의미는 타인과의 비교나 인정이 아닌 스스로가 선택한 목표를 향해 나아가는 과정에 있는 것이다.

또한 아들러는 "사람이 불행한 이유는 자신이 정한 인생의 과제를 타인의 평가에 맡겼기 때문"이라고 설명하며 인정 욕구가 강할수록 불안과 열등감에 취약해진다고 보았다. 이 때문에 그는 인간이 진정으로 건강한 자아를 갖기 위해서는 '타인의 시선을 의식하지 않는 용기'가 필요하다고 역설했다. 이는 『미움받을 용기』에서 반복적으로 등장하는 핵심 주제이기도 하다.

아들러의 심리학은 우리가 타인의 인정을 포기해야 한다고 말하지 않는다. 다만 그 인정이 나의 존재 가치를 결정짓는 기준이 되어서는 안 된다는 것이다. 우리는 누구에게나 받아들여질 필요가 없다. 중요한 것은 '내가 나를 받아들이는가'이며, 바로 그 수용이 자존감의 뿌리가 된다. 아들러는 이를 '자기 수용 self-acceptance'이라 부르며 용기의 핵심으로 제시했다.

결국 삶의 방향은 외부로부터 오는 것이 아니라 내면에서부터 시작되어야 한다. 우리가 진정으로 자유롭고 안정된 삶을 살기 위해 필요한 것은 더 많은 인정이 아니라 덜 의존해도 괜찮다는 믿음이다. 그때 비로소 우리는 타인의 기대에 휘둘리지 않고 자신이 원하는 삶을 선택할 수 있게 된다.

진정한 자존감은 타인의 평가에서 자유로워질 때 비로소 형성된다. 우리는 누군가에게 인정받기 위해 살아가는 존재가 아니라 있는 그대로의 모습으로 살아갈 자격이 있는 사람이다. 타인의 시선을 삶의 기준으로 삼을 것이 아니라 나 자신이 어떤 사람이고 어떤 삶을 원하는지를 중심에 놓을 때 우리는 비로소 불안에서 벗어날 수 있다.

인정 욕구에서 벗어나 나를 찾는 방법

인정 욕구는 인간이라면 누구나 느끼는 자연스러운 감정이다. 하지만 이 욕구에 지배당하는 순간 우리는 타인의 기대 속에서 진정한 자신을 잃게 된다. 그렇다면 이 인정 욕구에서 벗어나 나 자신으로 살아가기 위해 우리는 무엇을 해야 할까?

먼저 인정 욕구를 억누르거나 없애려는 시도보다는 그것이 나를 지배하지 않도록 '조절'하는 태도가 필요하다. 아들러는 인간의 심리적 건강은 외부의 평가가 아닌 내면의 기준과 선택에서 시작된다고 보았다. 따라서 삶의 중심축을 타인이 아닌 나 자신에게로 옮겨야 한다.

그 출발점은 나만의 가치관을 세우는 일이다. 무엇이 나에게 진정으로 중요한지를 스스로 정의해야 한다. 사회적 성공이

나 타인의 칭찬과 상관없이 내가 추구하는 삶의 의미와 목표는 무엇인지를 스스로에게 물어봐야 한다. '나는 무엇을 할 때 가장 행복한가?'라는 물음은 내면의 나와 연결되는 가장 단순하고 가장 강력한 질문이다. 이 질문을 통해 진정한 내 삶의 방향을 발견할 수 있다.

그리고 타인의 시선을 내려놓는 훈련도 필요하다. 모든 사람을 만족시킬 수 없다는 사실을 받아들이는 것이 첫걸음이다. 누군가의 기대에 맞추기보다는 나의 선택에 책임지는 태도가 더 중요하다. 아들러는 이를 '과제 분리task separation'라고 불렀다. 타인의 반응과 감정은 타인의 과제이며 그것에 대해 내가 책임질 필요는 없다. 이 분리가 명확해질 때 우리는 타인의 평가에 휘둘리지 않고 자신만의 길을 걸을 수 있다.

또한 비교의 방향을 바꾸는 것이 중요하다. 타인과의 비교가 아닌 과거의 나와 현재의 나를 비교하는 습관을 들이는 것이다. 어제보다 조금 더 성장한 나, 작은 변화라도 일궈낸 나를 발견하는 것이 진정한 성취다. 이런 비교는 외부의 인정이 아닌 내면의 발전과 성장을 통해 만족감을 얻는 건강한 방식이다.

아들러는 이렇게 말했다.

불안해도 괜찮습니다

"인간은 타인의 인정 없이도 스스로를 충분히
가치 있는 존재로 여길 수 있어야 한다."

진정한 자유와 평온은 타인의 인정이 아니라 자기 자신에 대한 신뢰와 수용에서 비롯된다. 인정 욕구가 나를 괴롭힐 때마다 우리는 스스로에게 이렇게 말할 수 있어야 한다.

'나는 이미 충분히 괜찮은 사람이다.'

결국 인정 욕구에서 벗어난다는 것은 더 이상 타인의 눈에 자신을 맞추지 않는 삶을 선택하는 것이다. 나의 가치는 누가 인정해주느냐가 아니라 내가 나를 어떻게 대하느냐에서 시작된다. 아들러가 말했듯 자기 인생의 주도권을 되찾는 것, 그것이 바로 불안과 비교의 굴레에서 벗어나는 첫걸음이다.

Day 5

열등감,
숨길수록 더 커지는 그림자

열등감은 누구나 가지고 있는 감정이다

열등감은 단순히 '못난 감정'이 아니다. 오히려 열등감은 인간
이라면 누구나 느끼는 보편적인 감정이다.

심리학자 칼 로저스Carl Rogers는 열등감을 '이상적인 자아ideal self'
와 현실의 자아real self 사이에 존재하는 심리적 간극에서 비롯된
다고 설명했다. 그는 인간은 누구나 스스로 생각하는 '이상적인
모습'을 가지고 있으며 이 이상과 현실 사이의 차이가 클수록 수
치심, 좌절, 자기비하 같은 감정이 커진다고 보았다.

그는 특히 '조건적 수용조건부 사랑'을 받으며 자란 사람일수록 이 간극이 더 커진다고 강조했으며 이러한 열등감이 자존감의 핵심을 약화시킨다고 보았다.

반면 에리히 프롬Erich Fromm은 열등감을 보다 사회·문화적 맥락에서 바라보았다. 그는 현대 사회에서 개인이 느끼는 열등감은 단순히 개인 내면의 문제가 아니라 자본주의 체계가 만들어낸 타인과의 비교 구조, 경쟁, 고립감에서 비롯된다고 지적했다.

프롬은 "사람들은 있는 그대로의 존재로서가 아니라 얼마만큼 성과를 냈는지, 사회적으로 얼마나 유용한 사람인지에 따라 평가받는 세계 속에서 살고 있다"고 비판했다. 이로 인해 사람들은 점점 더 타인과의 비교 속에서 자기 자신을 잃고 결국에는 '나는 충분하지 않다'는 지속적인 열등감을 품게 된다는 것이다.

이처럼 열등감은 단지 개인의 약함을 드러내는 감정이 아니라 자아 인식의 과정에서 누구나 통과해야 할 정서적 경험이다.

우리가 열등감을 느낀다는 것은 현재의 자신에 안주하지 않고 더 나아지고자 하는 가능성을 품고 있다는 뜻이다. 아들러는 이를 '열등감의 창조적 사용'이라 불렀다. 문제는 열등감 그 자체가 아니라 그 열등감에 휘둘려 자신을 부정하거나 타인과 끊임없이 경쟁하며 고립되는 방식으로 대응하는 태도다.

아들러에게 있어 열등감은 단순한 심리적 결함이 아니라 창조적 에너지의 원천이었다. 아들러는 오히려 열등감이 없는 사람은 발전할 동기를 가지기 어렵다고까지 보았다. 중요한 것은 그 열등감에 눌려 무기력에 빠지는 것이 아니라 그것을 자신의 '삶의 과제'를 해결하는 방향으로 전환시키는 것이다.

그는 이를 '생활양식 lifeStyle' 개념과 연결지어 설명했다. 같은 열등감을 느끼더라도 어떤 사람은 이를 자신에 대한 좌절로 해석해 고립을 택하고 또 다른 사람은 그것을 극복의 동력으로 전환해 성장의 계기로 삼는다. 즉, 열등감이 문제인 것이 아니라 그것을 해석하고 다루는 방식이 삶의 방향을 바꾸는 핵심이라는 것이다.

결국 아들러가 말하는 진정한 성장은 열등감의 부정이 아닌 그 감정을 창조적으로 다룰 수 있는 용기에서 비롯된다. 이 창조성이 바로 인간이 자기 삶을 스스로 설계할 수 있다는 아들러 심리학의 핵심 믿음이다.

숨길수록 더 커지는 열등감의 그림자

많은 사람들이 열등감을 부끄럽게 여기며 숨기려 한다. '나는 괜

불안해도 괜찮습니다

찮아', '나는 잘하고 있어'라고 스스로를 속이며 약한 모습을 감추려 한다. 그러나 열등감을 억누르고 외면할수록 그 감정은 더 깊이 뿌리내리고 마치 보이지 않는 그림자처럼 점점 커지게 된다.

세계적인 배우이자 오스카 수상자인 로빈 윌리엄스^{Robin Williams}는 무대 위에서는 늘 유쾌하고 밝은 모습으로 사랑받았지만 그 내면에는 깊은 열등감과 자존감 문제를 안고 있었다. 그는 한 인터뷰에서 "사람들이 웃을 때 나는 살아있다고 느낀다. 그들이 나를 사랑하지 않으면 나는 사라지는 느낌이다"라고 고백한 바 있다. 화려한 성공 뒤에는 사람들에게 웃음을 주지 못하면 무가치하다고 느끼는 자기 부정과 열등감이 자리 잡고 있었던 것이다.

로빈 윌리엄스는 어린 시절 외로움과 정서적 결핍 속에서 자라났고 이를 보상하기 위해 끊임없이 타인의 인정을 추구하는 삶을 살아갔다. 그러나 그 감정을 솔직하게 마주하기보나는 '괜찮은 사람', '모두를 즐겁게 하는 사람'이라는 역할에 자신을 가두었고 결국 그의 내면은 점점 더 고립되었다.

이 일화는 우리에게 중요한 사실을 일깨워준다. 열등감은 숨긴다고 사라지지 않으며 외면할수록 더욱 교묘하게 우리 삶을 지배하게 된다는 것이다. 아들러가 강조했듯 열등감은 부끄러워할 감정이 아니라 이해하고 다루어야 할 삶의 일부다. 진정한 용기는 그것을 감추는 것이 아니라 드러내고 마주할 때 생겨난다.

열등감을 숨기기 위해 우리는 종종 과도한 성취욕이나 완벽주의로 스스로를 몰아붙인다. 타인보다 더 잘해야만 안심할 수 있고 실패나 부족함을 인정하는 순간 무너질 것 같은 불안에 시달린다. 이로 인해 끊임없이 스스로를 채찍질하며 결국 번아웃이나 자기혐오에 빠지기도 한다.

아들러는 이러한 현상을 '우월감 콤플렉스'라 불렀다. 그는 이 것을 열등감을 감추기 위한 심리적 방어기제의 일환으로 설명했다. 즉, 내면의 깊은 열등감을 숨기기 위해 겉으로는 과도한 자신감, 경쟁심, 성과 중심의 태도를 보이는 것이다. 아들러는 "우월감 콤플렉스는 자신이 부족하다고 느끼는 사람만이 만드는 허상"이라며 이는 진정한 자기 신뢰가 아닌 불안을 덮기 위한 위장된 태도라고 지적했다.

예를 들어 늘 우쭐한 태도로 타인을 평가하거나 과시적인 말과 행동을 반복하는 사람일수록 실제로는 자기 가치를 확신하지 못해 끊임없이 외부에서 인정받으려는 욕구에 시달릴 가능성이 높다. 이런 사람은 외적으로는 성공했더라도 내면은 늘 불안정하고 공허하다.

진정한 자신감은 완벽함에서 오는 것이 아니다. 오히려 불완전함을 인정하고도 자신을 받아들일 수 있는 내면의 용기에서 비롯된다. 아들러는 이를 '자기 수용'의 시작이라 보았다. 우월감을 꾸며내려는 노력보다 중요한 것은, 있는 그대로의 나를 받아들이며 진짜 삶의 방향을 찾으려는 태도다.

열등감과 건강하게 마주하는 법

열등감을 건강하게 받아들이기 위해서는 먼저 그것을 있는 그대로 인정하는 용기가 필요하다. '나는 이 부분이 부족하다'는 사실을 받아들이는 것이다. 이는 부끄러운 일이 아니다. 오히려 이를 인정할 때 비로소 우리는 그 감정을 성장의 에너지로 전환할 수 있다.

여기서 '있는 그대로 받아들인다'는 것은 단순히 자신에게 실망하거나 체념하는 것을 의미하지 않는다. 이는 현실을 왜곡하지 않고 바라보는 정직한 태도이자, 나 자신의 연약함과 불완전함을 인정하면서도 그것 때문에 나의 존엄이나 가치를 부정하지 않는 자세다.

예를 들어 '나는 말하는 것이 서툴다', '나는 사람들 앞에 서면 긴장한다'와 같은 사실을 회피하지 않고 받아들이되, 그것이 나라는 존재 전체를 규정하지는 않음을 깨닫는 것이다. 이러한 자기 수용은 마치 거울 앞에 서는 일과 같다. 지금의 내 모습이

이상적이지 않을지라도, 있는 그대로 비추고 그 상태에서 출발
점을 삼는 것이다.

아들러는 "있는 그대로의 자신을 받아들이는 사람만이 삶을
창조할 수 있다"고 말했다. 실제로 심리학 연구에서도 자기 수
용이 높은 사람일수록 스트레스 대처 능력과 정서적 회복탄력
성resilience이 높다는 결과가 보고된 바 있다. 이는 자신을 비판하
고 억누르는 것보다 오히려 자기 자신을 수용할 때 변화 가능성
이 더 커진다는 것을 보여준다.

결국 열등감을 극복하는 가장 단순하고도 강력한 방법은 '지
금의 나로부터 출발하는 것'이다. 불완전함은 잘못이 아니라 인
간됨의 증거다. 그 불완전함을 부끄러워하기보다 이해하고 품
는 것이야말로 진정한 자기 성장의 시작이다.

그렇다면 우리는 어떻게 '지금의 나'로부터 출발할 수 있을까?
가장 먼저 필요한 것은 자기 자신을 있는 그대로 바라보는 습관
이다. 하루에 단 몇 분이라도 거울 앞에서 자신에게 말을 걸어
보자. '지금의 나는 어떤 감정을 느끼고 있는가?', '나는 오늘 무
엇을 잘했는가?', '부족하더라도 내가 해낸 것은 무엇인가?' 같
은 질문은 자기 인식과 자기 수용을 동시에 키우는 힘이 있다.

다음으로는 작은 실천에 대한 긍정이다. 자기 수용은 '이대로 괜찮아'라는 단순한 긍정이 아니라 지금 할 수 있는 작은 행동을 실천으로 옮기며 쌓아가는 과정이다. 예를 들어 '나는 인간관계가 어렵다'는 사실을 인정했다면 '그럼에도 불구하고 한 사람에게 솔직한 메시지를 보내보겠다'는 식의 구체적인 행동으로 연결하는 것이다. 이런 반복을 통해 자기 수용은 '자기 효능감'으로 확장된다.

또한 중요한 것은 타인의 기준이 아닌 나만의 기준을 세우는 연습이다. 누군가와 비교하기보다 어제의 나와 비교하며 성장 지점을 찾아야 한다. 오늘 10분 더 집중했다면 어제보다 나아진 나를 스스로 인정해주는 것이 필요하다. 이때 중요한 기준은 '완벽한 결과'가 아니라 '진심으로 시도했는가'라는 점이다.

마지막으로 실패했거나 흔들릴 때 스스로를 비난하기보나 이렇게 말해보자.

'지금의 나도 괜찮아.
나는 여기서 다시 시작할 수 있어.'

이 문장은 단순하지만 자기 수용과 회복을 위한 가장 강력한 선언이 된다. 아들러는 삶을 바꾸는 시작점은 늘 '지금 이 자리의 나'라고 보았다. 우리는 언제든 출발할 수 있고 그 출발에 특별한 조건이나 자격은 필요하지 않다. 지금의 나를 받아들이는 순간 우리는 이미 변화를 향해 나아가고 있는 것이다.

불안해도 괜찮습니다

Day 6

나도 모르게 빠지는
불안 루프

불안 루프의 시작: 작은 걱정이 커지는 순간

영국의 철학자 앨런 와츠Alan Watts는 삶을 '선형linear'이 아니라 '순환circular' 구조로 이해해야 한다고 말한 바 있다. 그는 우리가 흔히 생각하는 '문제를 해결하고 끝낸다'는 방식이 오히려 현실을 왜곡한다고 지적했다. 실제 삶은 문제를 없애는 것이 아니라 그것을 되풀이하며 다르게 마주하는 과정이라는 것이다. 계절처럼, 하루의 감정처럼 인간의 내면도 늘 순환과 반복 속에서 움직인다.

이처럼 우리의 심리 역시 루프 구조로 작동하는 경우가 많다.

하나의 생각이 다른 생각을 불러오고 감정은 감정을 낳는다. 그 중에서도 불안은 가장 대표적인 '루프성 감정'이다. 불안은 누구에게나 찾아오는 자연스러운 감정이지만 문제는 그것이 한 번 시작되면 점점 더 커지고 깊어질 수 있다는 것이다. 처음에는 사소한 걱정으로 시작되지만 시간이 지날수록 그 생각이 꼬리에 꼬리를 물고 이어지며 결국 '불안 루프'라는 악순환에 빠지게 된다.

예를 들어 중요한 발표를 앞둔 상황을 생각해보자. '혹시 실수하면 어쩌지?'라는 작은 걱정이 시작된다. 이 걱정은 곧 '사람들이 나를 무능력하다고 생각하지 않을까?'라는 불안으로 커진다. 그러다 '나는 왜 항상 이렇게 불안할까?', '내가 부족해서 그렇겠지'라는 식으로 자기 비판으로 이어진다. 이런 패턴은 불안을 더 강화하고 결국 불안 자체가 또 다른 불안을 만들어내는 고리가 된다.

불안은 실제 상황보다 우리의 생각과 해석 방식에 의해 더 심화된다. 실제로 이러한 '불안의 자기 강화 루프'는 많은 현대인들이 겪는 보편적인 심리 문제이기도 하다.

정신건강의학과 진료 현장에서는 '불안의 원인이 분명하지 않다'는 호소가 자주 등장한다. 이는 불안이 외부 사건보다 그 사건들에 대한 반복적인 해석과 예상 시나리오의 확대 속에서 커지기 때문이다. 특히 불확실성이 높은 현대 사회에서는 '앞으로 어떤 일이 벌어질까?'라는 생각만으로도 불안이 증폭되며 이 감정이 다시 또 다른 불안을 불러오는 악순환으로 이어진다.

불안한 감정이 생기면 이를 부정하거나 회피하기보다는 '이 불안이 어디서 시작되었는가?'를 인식하는 것이 중요하다. 그래야만 불안이 점점 커지는 루프를 끊을 수 있다.

불안이 불안을 부르는 심리적 메커니즘

불안 루프의 가장 큰 특징은 생각의 과잉이다. 불안을 느끼는 순간 우리는 그 감정을 분석하고 해결하려고 끊임없이 생각한다. 하지만 이러한 '과도한 분석'이 오히려 불안을 더 키운다는 것이 문제다. 이 현상은 심리학에서 '루미네이션rumination' 즉, 반복적인 부정적 사고의 순환이라고 불린다.

루미네이션은 단순히 고민하는 것과 다르다. 문제를 해결하기 위한 '사고'가 아니라 해결이 없는 상태에서 같은 생각만 반복하는 정신적 맴돌이에 가깝다. '왜 그랬을까?', '또 그러면 어쩌지?', '내가 문제인 건 아닐까?' 같은 질문이 머릿속을 계속 떠나지 않으며 생각의 중심이 행동이 아닌 불안 그 자체에 머물러 있게 만든다. 이는 감정의 정체를 명확히 하지 못한 채 불안을 불안으로 감싸는 악순환을 낳는다.

예일대학교 심리학자 수전 놀런-호크세마Susan Nolen-Hoeksema는 루미네이션이 불안, 우울, 스트레스 장애를 악화시키는 주요 원인 중 하나라고 지적했다. 그녀의 연구에 따르면 루미네이션 경향이 높은 사람일수록 상황을 실제보다 훨씬 비관적으로 인식하며 감정을 해소하지 못하고 오히려 증폭시킨다. 또한 루미네이션은 문제 해결을 지연시킬 뿐 아니라 집중력 저하와 수면 장애까지 유발할 수 있다. 이는 뇌가 '행동을 멈춘 채 생각만 하는 상태'에 갇히기 때문이다. 결국 문제는 감정 자체가 아니라 그 감정을 머릿속에서 계속 굴리는 습관에 있다.

따라서 불안을 느낄 때 해야 할 일은 감정을 분석하는 것이 아니라 그 감정을 '관찰하고 흘려보내는 태도'를 취하는 것이다. 지금 내가 불안하다는 것을 인정하되 그 감정과 거리를 두고 지켜보는 것이다. 이는 '나는 불안하다'가 아니라 '불안이라는 감정이 내 안에 떠오르고 있다'는 식의 인식 전환을 의미한다. 불안을 붙잡고 있는 것이 아니라 잠시 머물렀다 흘러가는 손님처럼 대하는 것. 그것이 루미네이션을 멈추는 방법이다.

아들러는 이러한 심리적 패턴을 깨기 위해 '과제 분리'라는 개념을 제시했다. 그는 우리가 불안을 느끼는 것과 그 불안을 없애기 위해 생각을 반복하는 것을 분리된 과제로 인식해야 한다고 강조했다. 다시 말해 불안이라는 감정은 자연스럽게 떠오르는 것이며 그것 자체는 내가 조절할 수 없는 '감정의 과제'다. 하지만 그것을 어떻게 해석하고 어떤 선택을 할지는 '나의 과제'에 해당한다.

예를 들어 '나는 왜 이렇게 불안하지?', '이 불안을 없애야 해'라는 생각이 계속 떠오른다면 이는 루미네이션이 심화되고 있다는 신호다. 이때 필요한 것은 '지금 느끼는 감정은 내 통제가 아니며 내가 할 수 있는 일은 이 감정을 어떻게 바라볼 것인가'에 집중하는 전환이다. '불안해하지 말자'는 다짐은 감정의 과제를 침범하는 것이고 오히려 자신을 더 억누르게 만든다. 아들러는 이러한 자기 침해를 경계하며 "감정을 다스리려 하지 말고 감정에 대응하는 행동을 선택하라"고 조언했다.

과제 분리는 단지 이론이 아니라 실질적인 심리 기술이다. 감정은 받아들이고 생각은 흘려보내며 지금 이 순간 내가 할 수 있는 작은 행동에 집중하는 것이 과제 분리의 실천이다. 불안이 올라올 때 '이 감정이 없어야 한다'는 생각 대신 '이 감정은 자연스럽다. 나는 이 감정 속에서도 할 수 있는 것을 선택할 수 있다'는 태도로 나아가는 것이다.

불안 루프를 끊는 방법: 명상하기

불안 루프에서 빠져나오기 위한 가장 중요한 첫걸음은 '생각을 멈추고 지금 이 순간의 나를 바라보는 것' 즉, 명상적 태도에 들어가는 것이다. 불안에 빠졌을 때 대부분의 사람들은 더 많이 생각하거나 걱정을 해결하려 애쓴다. 그러나 이는 오히려 불안을 더 복잡하고 강하게 만든다. 아들러가 말한 '과제 분리'처럼 우리는 감정을 없애려 하지 말고 그것을 어떻게 대할지를 선택하는 과제에만 집중해야 한다. 그 출발점이 바로 명상이다.

1 불안한 감정을 '있는 그대로' 인식하기

명상은 감정을 없애는 기술이 아니다. 오히려 그 감정을 비판 없이 바라보는 훈련이다. '나는 지금 불안하다'는 사실을 인정하되 판단하지 않고 있는 그대로 받아들일 때 마음의 저항이 사라지고 불안의 강도도 자연스럽게 약해진다. 불안을 잘못된 감정으로 몰아붙이기보다 '이 순간 나에게 불안이 일어나고 있다'는 사실을 자각하는 것. 이것이 명상의 시작이다.

2 '지금 여기'로 주의를 되돌리는 훈련

불안은 대부분 과거의 후회나 미래의 걱정에서 비롯된다. 명상은 그런 생각의 흐름을 끊고 현재로 돌아오는 기술이다. 깊게 호흡하면서 공기의 흐름을 느껴보거나 눈을 감고 내 몸의 감각에 집중해보자. 또는 주변의 소리, 빛, 냄새 등 감각을 통해 지금 이 순간과 연결되는 것도 좋은 방법이다. '나는 지금 이 자리에 존재한다'는 인식만으로도 불안의 소용돌이에서 벗어날 수 있다.

❸ 생각 대신 행동, 행동을 통한 감정 전환

명상은 단지 앉아서 고요히 있는 시간만을 뜻하지 않는다. 마음을 현재에 고정시키는 '행동 명상' 또한 불안을 다루는 좋은 방법이다. 책 한 장을 읽거나 창밖을 바라보며 숨을 고르거나 짧은 산책을 나서는 것처럼 몸을 움직이며 나를 '지금'에 머물게 하는 행동들이 모두 명상의 연장선이다. 아들러는 "행동이 감정을 변화시킨다"고 말했다. 머릿속에서 반복되던 불안의 흐름을 깨뜨리기 위해선 작더라도 하나의 행동이 필요하다.

불안 루프는 누구에게나 찾아올 수 있는 감정의 흐름이다. 하지만 그 루프를 끊는 방법은 생각보다 단순하다. 감정을 없애려는 싸움에서 벗어나 그것을 관찰하고 흘려보내는 태도를 가져야 한다.

이 점에서 명상은 이 단순하지만 강력한 '태도의 전환'을 가능

하게 해준다. 불안을 없애야 할 감정이 아니라 지금의 나를 일
깨우는 신호로 받아들이는 순간 우리는 비로소 불안에서 자유
로워질 수 있다.

불안해도 괜찮습니다

Day 7

불안은 감정이 아닌
변화의 신호다

불안은 잘못된 것이 아니다

많은 사람들이 불안을 단순히 부정적인 감정으로 여긴다. 불안
은 나약함의 증거이거나 극복해야 할 장애물처럼 느껴진다. 그
러나 아들러는 불안을 단순한 감정의 문제로 보지 않았다. 그는
불안을 '성장을 위한 중요한 신호'라고 설명했다. 불안은 우리
가 잘못하고 있거나 약하기 때문에 느끼는 감정이 아니다. 오히
려 더 나아가야 할 방향이 있음을 알려주는 '내면의 메시지'다.

　불안을 느끼는 이유는 다양하다. 새로운 환경, 도전적인 과

제, 중요한 결정 등은 누구에게나 불안을 일으킬 수 있다. 이런 경우에 느껴지는 불안은 우리가 '편안한 안전지대를 벗어나 새로운 가능성에 직면하고 있다'는 뜻이다. 안정된 상태에서는 불안이 생기지 않는다. 불안은 변화가 필요하다는 신호이며 이는 곧 성장의 기회로 이어진다.

세계적인 테니스 선수 세리나 윌리엄스Serena Williams는 화려한 커리어 뒤에 늘 불안이라는 감정을 안고 있었다. 그녀는 여러 인터뷰에서 중요한 경기 직전 극심한 긴장과 불안에 시달렸다고 솔직히 밝혔다. 특히 2011년 초 폐색전증pulmonary embolism이라는 심각한 질환으로 생명을 위협받은 이후 세리나는 선수 생명 자체가 끝날 수 있다는 현실과 직면하게 된다.

그녀는 수술 이후 수개월간 회복 기간을 보내며 단순한 체력 저하 이상의 심리적 위축과 자신감 상실을 경험했다. 예전 같으면 당연하게 해냈던 움직임조차 조심스러웠고 경기 중 숨이 차오르기 시작하면 공포가 몰려왔다. "이제는 예전처럼 플레이할 수 없을지도 모른다"는 불안이 늘 그림자처럼 따라다녔다.

그러나 세리나는 이 불안을 회피하거나 억누르기보다는 정면으로 마주하기로 했다. 그녀는 심리 트레이너와 함께 호흡 훈련, 명상, 시각화 훈련visualization을 병행했고 일상의 루틴을 재정비했다. 그녀는 "불안을 없애려 하기보다 그 감정과 함께 움직이는 법을 배웠다"고 말한다. 즉, 불안은 극복의 대상이 아니라 함께 살아내는 대상이었다. 그녀는 다시 코트에 복귀해 몇 번의 패배를 경험한 뒤 2012년 윔블던에서 극적으로 우승을 차지했다.

세리나는 이후 인터뷰에서 이렇게 말했다.

"불안은 내게 멈추라는 신호가 아니라
내가 진짜 준비됐는지를 묻는 질문이었다."

이 말은 불안이라는 감정을 더 이상 회피하거나 숨겨야 할 약점이 아닌 내면의 상태를 점검하게 하는 '정직한 감정'으로 받아들였다는 의미다. 그녀의 커리어에서 이 시기는 단순한 건강 회복 이상의 의미를 지닌다. 위기에서 스스로를 다시 조율한 순간이자 내면의 강인함이 성장한 결정적 계기였기 때문이다.

세리나 윌리엄스의 이야기는 우리에게 말해준다. 불안은 멈추라는 경고가 아니라 도약 전 반드시 필요한 진단의 순간일 수 있다는 것을. 문제는 불안 자체가 아니라 불안을 어떻게 해석하고 대응하느냐에 있다. 불안을 '나쁜 감정'으로 규정하는 순간 우리는 그것을 억누르거나 회피하려 하게 된다. 그러나 불안은 억제한다고 사라지지 않는다. 오히려 인정하고 직면할 때 불안은 점차 우리의 삶에 긍정적인 역할을 하게 된다.

불안의 본질: 두려움이 아닌 가능성

불안의 본질은 두려움이 아니라 가능성이다. 우리는 종종 불안과 두려움을 같은 감정으로 여긴다. 그러나 두려움은 '명확한 위험'에 대한 반응인 반면 불안은 '아직 일어나지 않은 상황'에 대한 반응이다. 두려움은 눈앞의 위협에서 비롯되지만 불안은 미래의 불확실성에서 생긴다.

심리학자 롤로 메이Rollo May는 "불안은 창조성의 그림자다"라고 말했다. 그는 불안이 단지 회피해야 할 감정이 아니라 인간이 더 큰 자기 실현으로 나아가는 과정에서 불확실성과 마주할 수밖에 없을 때 필연적으로 동반되는 감정이라고 설명했다. 즉, 불안은 삶을 회피하지 않고 의미 있는 방향으로 살아가려는 자만이 느끼는 고통인 셈이다.

작가 수전 제퍼스Susan Jeffers는 『Feel the Fear and Do It Anyway』에서 이렇게 말했다. "두려움은 사라지지 않는다. 그러나

불안해도 괜찮습니다

내가 선택하면 두려움은 나를 멈추게 하지 못한다." 이 말은 불안을 회피의 이유가 아니라 행동의 동기로 전환할 수 있는 가능성을 시사한다.

불안은 미래의 나를 향해 나아가고 있다는 증거다. 그 감정 속에는 실패에 대한 두려움만 있는 것이 아니라 도전하고자 하는 의지, 새로운 가능성에 대한 희망도 함께 숨어있다. 불안은 '하지 말라'는 경고가 아니라 '지금 진짜 원하는 방향이 맞는가?'를 묻는 질문일 수 있다.

불안이 생기는 이유는 '더 나은 결과'를 기대하기 때문이다. 예를 들어 중요한 시험을 앞두고 불안한 이유는 실패에 대한 두려움보다는 성공하고 싶은 마음이 크기 때문이다. 누군가의 관심을 얻고 싶은 상황에서 불안한 이유도 거절에 대한 두려움이 아니라 인정받고 싶은 기대 때문이다. 즉, 불안은 우리가 더 나은 것을 꿈꾸기 때문에 발생하는 감정이다.

아들러는 이러한 관점에서 불안을 바라보길 강조했다. 그는 불안을 단지 회피해야 할 감정이나 병리적인 증상으로 보지 않았다. 오히려 아들러는 "인간이 목표 지향적인 존재이기 때문에 불안을 느끼는 것"이라고 보았다. 이는 곧 불안은 방향이 있다는 증거이며 목표가 있기 때문에 생기는 감정이라는 해석이다. 그는 "불안은 잘못된 감정이 아니라 '지금 이 방향으로 가고 있다'는 것을 알려주는 내면의 나침반"이라고 표현하며 불안이 등장하는 지점이 오히려 삶에서 가장 의미 있는 과제와 맞닿아 있을 가능성이 높다고 강조했다.

특히 아들러는 불안이 생길 때 그것을 감추거나 억누르기보다 그 감정이 지시하는 방향을 살펴보는 태도가 필요하다고 보았다. '나는 지금 왜 불안한가?', '무엇을 기대하고 있기에 불안을 느끼는가?'라는 질문은 곧 자기 이해의 출발점이자 불안을 성장의 에너지로 전환하는 열쇠가 된다.

이처럼 아들러는 불안을 단순히 극복하거나 제거해야 할 것이 아니라 그 감정 속에 숨어있는 욕구와 목표를 해석할 수 있는 심리적 나침반으로 삼아야 한다고 설명한 것이다. 우리가 불안을 느낄 수 있다는 것은 여전히 기대하고 있다는 뜻이며 그것은 곧 우리가 살아있는 방향으로 나아가고 있다는 증거다.

불안을 성장의 에너지로 전환하는 법

불안을 성장의 에너지로 바꾸기 위해서는 무엇보다 불안에 대한 태도 자체를 바꾸는 접근이 필요하다. 불안을 억누르거나 회피하려고 하기보다는 오히려 그 감정을 삶의 일부로 인정하고 적극적으로 활용하는 태도가 중요하다.

첫 번째로, 불안을 있는 그대로 받아들이는 것이 출발점이다. 우리는 흔히 '나는 불안하면 안 된다', '불안은 실패의 징조다'라는 생각에 사로잡혀 불안을 부정하려 한다. 그러나 아들러는 불안을 '극복해야 할 적이 아니라 내가 성장하고 있다는 신호'라고 보았다. 불안은 잘못된 감정이 아니라 내가 새로운 도전에 직면하고 있음을 보여주는 정직한 감정이다.

불안을 인정하는 순간 우리는 그 감정에 휘둘리지 않고 오히려 객관적으로 바라볼 수 있는 거리를 확보하게 된다. 이는 마치 어둠을 두려워하지 않고 눈이 어둠에 서서히 익숙해지며 방향을 찾는 것과도 같다.

두 번째로, 행동을 통해 불안을 다루는 것이 중요하다. 불안은 생각 속에만 머물수록 증폭된다. '이렇게 하면 실패할까?', '사람들이 나를 어떻게 볼까?'와 같은 걱정은 해결책 없이 반복되고 루미네이션의 악순환으로 이어진다. 하지만 작더라도 하나의 행동을 시작하는 순간 우리는 생각의 무게에서 벗어나 현실과 연결된다.

중요한 발표를 앞두고 있다면 머릿속에서만 걱정하기보다는 작은 분량의 발표를 직접 연습해보는 것이 불안을 줄이는 데 훨씬 효과적이다. 아들러 역시 "감정은 행동을 통해 변화된다"고 강조했다. 결국 불안은 준비 부족이 아니라 행동 부족에서 비롯되는 경우가 많다. 준비하고 시도하고 경험하는 과정 속에서 불안은 점차 자신감으로 바뀌게 된다.

마지막으로 불안의 기준을 외부가 아닌 내부로 옮기는 연습을 해야 한다. 불안의 상당 부분은 타인의 시선이나 사회적 기준에서 비롯된다. '남들처럼 해야 한다', '실수하면 안 된다'는 압박이 불안을 키운다.

그러나 중요한 것은 타인의 기대에 부응하는 것이 아니라 나만의 가치와 기준에 충실한 삶을 사는 것이다. '나는 왜 이 일을 하려 하는가?', '지금 나에게 진정으로 중요한 것은 무엇인가?'라는 질문은 불안의 방향성을 되찾고 삶의 중심을 회복하는 데 도움을 준다. 아들러는 삶의 주도권이 외부에 있지 않다고 말한다. 불안은 외부의 평가 때문이 아니라 내 안의 기대와 갈망이 크기 때문에 생긴다.

결국 불안은 견뎌야 할 감정이 아니라 성장을 위한 출발점이다. 그것은 나를 괴롭히기 위해 존재하는 것이 아니라 더 나은 방향으로 나아가도록 이끄는 내면의 나침반이다. 불안을 두려워하기보다는 그 속에 숨겨진 가능성과 열망을 발견하려는 자

불안해도 괜찮습니다

세야말로 진정한 용기다. 불안은 감정이 아니라 변화의 신호다. 우리가 해야 할 일은 그 신호를 외면하는 것이 아니라 그 방향을 향해 한 걸음 내딛는 것이다.

Day 8

불안을 직면하는 용기:
시작은 작은 깨달음

불안을 직면하지 않는 이유

영화 「굿 월 헌팅Good Will Hunting」에서 심리학자 숀 맥과이어는 수학 천재이지만 문제아이기도 한 월 헌팅과의 상담 도중 이렇게 말한다.

> "넌 네 안에 무엇이 있는지 마주하는 게 두려운 거야."
> "You're terrified of what you might find inside yourself."

이 말은 윌이 끊임없이 자신의 감정과 상처를 농담과 반항으로 밀어내고 진심을 털어놓지 않으려 할 때 숀이 건넨 것이다. 천재적인 두뇌를 가졌지만 어린 시절의 학대, 상처, 결핍을 마주하지 않고 도망치려는 윌에게 숀은 진심으로 다가가, 자신이 직면하지 않는 한 어떤 관계도, 어떤 미래도 가질 수 없다고 지적한다.

이 짧은 대사는 많은 이들이 자신의 감정, 특히 불안과 같은 내면의 혼란을 직면하기보다 회피하는 경향이 있음을 잘 보여준다. 우리는 무언가를 깊이 들여다보는 대신 외면하고 지나치거나 다른 것으로 덮어버리려 한다. 불안은 누구나 겪는 감정이지만 대부분의 사람들은 이 감정을 피하려고 한다. 불안은 불편하고 때로는 견디기 어려운 감정으로 느껴지기 때문이다.

우리는 불안을 느끼는 상황을 회피하거나 불안을 없애기 위해 끊임없이 해결책을 찾는다. 그러나 아들러는 이렇게 말했다.

> "불안은 회피한다고 사라지지 않는다.
> 오히려 직면해야만 줄어든다."

불안을 피하려는 본능은 일시적으로 마음의 안정을 줄 수 있다. 중요한 발표를 앞두고 불안할 때 발표를 포기하면 당장은 편안함을 느낄 수 있다. 누군가와 갈등이 생겼을 때 대화를 회피하면 순간적으로 불안이 줄어든다. 그러나 이런 회피는 불안을 해결하는 것이 아니라 더 깊은 불안의 씨앗을 심는 것에 불과하다. 미뤄진 감정과 상황은 사라지는 것이 아니라 언젠가 더 큰 형태로 되돌아오기 때문이다.

사실 삶의 많은 문제들은 그것을 직면했을 때에만 비로소 풀리기 시작한다. 복잡한 관계, 해결되지 않은 감정, 두려운 선택들 역시 마찬가지다. 마주할 때는 고통스럽고 불편하지만 그 순간을 통과한 후에야 우리는 더 이상 도망치지 않아도 되는 자유와 해방감을 얻게 된다.

아들러는 삶의 용기란 완벽하게 준비된 후에 행동하는 것이 아니라 불완전한 상태에서도 삶의 과제를 직접 선택하고 마주하는 힘이라고 강조했다. 이처럼 불안을 비롯한 삶의 여러 감정과 상황들은 피할수록 커지고 마주할수록 작아진다. 불안은 결코 약함의 증거가 아니라 우리가 중요한 삶의 지점을 지나고 있다는 증거다. 회피는 잠깐의 평온을 주지만 직면은 진짜 변화를 만든다.

불안은 내가 해결해야 할 내면의 과제를 알려주는 신호다. 불안을 직면하지 않으면 그 감정은 사라지는 것이 아니라 형태만 바뀌어 계속해서 나를 따라온다. 결국 회피한 불안은 더 커지고 더 자주 나타나며 점점 더 많은 상황을 지배하게 된다.

직면의 시작은 '작은 깨달음'이다

불안을 직면하기 위해 필요한 것은 거창한 용기가 아니다. 변화는 언제나 작은 깨달음에서 시작된다. 우리는 흔히 큰 결심이나 극적인 전환을 해야만 삶이 바뀐다고 생각한다. 하지만 실제로는 아주 사소한 자각이 내면의 방향을 바꾸는 결정적 계기가 된다.

작가 웬디 스즈키Wendy Suzuki는 『당신의 불안은 죄가 없다』에서 이렇게 말한다. "불안을 일으키는 신경생물학석 측면과 실제로 뇌와 신체가 어떻게 반응하는지를 이해하면 이러한 감정을 조절하고 관리할 수 있다. 그러면 불안이라는 에너지를 긍정적으로 끌어올리는 것이 가능하다." 불안을 다루는 시작점은 그것을 억누르려 하기보다 있는 그대로 인식하는 데 있다. 지금 불안하다는 사실을 인정하는 순간 뇌와 몸이 보내는 신호를 객관적으로 바라볼 여유가 생기고, 그로부터 불안을 새로운 에너지로 전환할 가능성이 열린다.

그러나 많은 사람들은 이 사소한 사실을 인정하지 못한 채 불안을 숨기거나 애써 괜찮은 척한다. 오히려 불안을 부정하려는 태도를 취해 더 큰 불안과 자기비난을 불러오는 악순환을 만든다. 반면 불안을 있는 그대로 받아들이는 순간 우리는 그 감정과의 관계에서 주도권을 되찾는다. '나는 지금 불안하다'는 자각은 불안이 나를 지배하지 못하도록 경계선을 긋는 첫 번째 실천이다.

불안을 직면하는 과정은 마치 어두운 방에 불을 켜는 것과 비슷하다. 어둠 속에서는 모든 것이 두렵고 불안하게 느껴진다. 익숙한 물건조차도 형체를 알 수 없어 위협처럼 느껴진다. 그러나 불을 켜는 순간 그 두려움은 실체를 드러내고 대개는 우리가 생각했던 만큼 위협적이지 않다는 사실을 알게 된다.

이때 그 불빛은 형광등 같은 강한 조명이 아니라 작은 촛불 하나라도 충분하다. 깊은 어둠 속에서도 촛불 하나가 방 전체의 분위기를 바꾼다. 우리는 종종 인생의 불안을 거창한 해결책으로 없애야 한다고 생각하지만 실은 아주 작은 '의식의 불꽃', 아주 단순한 '자각' 하나가 혼란스런 분위기를 전환시키는 시작점이 된다.

마음챙김 명상(Mindfulness Meditation)에서는 "한 자루의 촛불을 켜는 것은 어둠을 몰아내는 가장 부드럽고 효과적인 방법"이라 말

불안해도 괜찮습니다

한다. 촛불은 작지만 그것이 존재한다는 사실 자체가 우리에게 방향과 위안을 준다. 불안도 마찬가지다. 우리가 해야 할 일은 불안을 완전히 없애는 것이 아니라 그 불안을 비추어줄 작은 마음의 불빛 하나를 켜는 것이다.

불안의 본질은 '모르는 것에 대한 두려움'이다. 하지만 우리가 그 실체를 마주하고 비춰볼 수만 있다면 그 감정은 더 이상 나를 흔드는 존재가 아니다. 그렇기에 불안은 어둠이 아니라 어디에 불을 켜야 할지 알려주는 안내 표지판일 수 있다.

아들러는 불안에 대한 태도를 이렇게 설명했다.

> "용기란 두려움이 없는 것이 아니라
> 두려움에도 불구하고 앞으로 나아가는 깃니디."

이 말은 불안이 없는 것이 아니라 불안을 느끼면서도 한 걸음 내딛는 것이 진정한 용기라는 의미다. 중요한 것은 불안을 없애려는 것이 아니라 불안에도 불구하고 나아가는 것이다.

불안에 직면하는 구체적인 방법

불안에 직면한다는 것은 단순히 감정을 느끼는 데서 그치지 않고 그것을 직접 다루려는 용기를 내는 일이다.

불안을 다루는 첫 번째 방법은 그 감정의 '뿌리'를 탐색하는 것이다. 예를 들어 친구에게 먼저 연락을 하려다 망설여지는 상황이라고 해보자. 망설여지는 이유는 단지 '바빠 보이니까'가 아니라 '혹시 내가 거절당하거나 무시당하지 않을까' 하는 걱정 때문일 수 있다. 겉으로 보이는 이유 너머로 '이 불안은 어디서 오는가?'를 자문해보면 단순한 감정이 아니라 자기 인식의 기회로 바뀐다. 불안은 막연할수록 크고 위협적이지만 명확히 들여다볼수록 작아지고 구체적인 과제로 전환된다.

두 번째로 중요한 것은 불안을 관찰하는 연습이다. 갑작스럽게 SNS를 보다 마음이 불편해졌다면 그 감정을 억누르기보다는 잠시 멈추고 이렇게 말해보자. '나는 지금 누군가의 성취와 내 삶을 비교하고 있다.' '이 게시물을 보고 나서 속이 불편해졌다.'

감정에 휘둘리지 않고 그 감정을 마치 바깥에서 바라보듯 인식하면 불안은 조금씩 힘을 잃는다. 내 감정에 '이름 붙이기'는 작지만 매우 강력한 심리적 도구다. 이것은 불안을 통제하는 것이 아

불안해도 괜찮습니다

니라 불안에 휘둘리지 않을 주체로 자신을 성장시키는 과정이다.

그리고 무엇보다 필요한 것은 작은 행동을 통해 불안을 뚫고 나아가는 용기다. 취업 준비 중일 때 막연한 불안으로 아무것도 시작하지 못하는 날이 있다면 완벽한 이력서를 쓰려 하기보다 '오늘은 구인 사이트에 로그인만 해보자'는 작은 계획을 세워 보자.

친구에게 연락하는 것이 망설여질 땐 길고 완벽한 메시지보다 '잘 지내?'라는 한 문장이 더 나은 출발점이 될 수 있다. 불안을 줄이는 가장 현실적인 방법은 생각을 멈추고 몸을 움직이는 것이다. 머릿속에서만 도는 불안은 오히려 더 커지기 때문이다. 행동은 곧 에너지이며 그 에너지는 불안을 변화시키는 실질적인 도구가 된다.

아들러는 "변화는 생각이 아니라 행동에서 시작된다"고 말했다. 불안을 직면한다는 것은 내가 내 삶을 다시 이끌겠다는 선언이며 그것은 크고 완벽한 용기보다도 작고 반복되는 실천에서 비롯된다. 우리는 불안을 없앨 수는 없지만 그 감정을 이해하고 다루는 방식을 바꿀 수 있다. 그리고 그 순간부터 불안은 우리를 지배하는 감정이 아니라 우리 안의 성장을 부르는 신호가 된다.

불안에 직면하는 것은 결코 쉬운 일이 아니다. 그러나 불안을 피하는 것보다 훨씬 더 강력한 성장의 기회를 준다. 불안은 우리에게 위험을 경고하는 적이 아니라 성장을 촉구하는 동반자다. 그 감정을 억누르거나 회피하는 대신, 있는 그대로 받아들이고 직면할 때 우리는 진정한 용기를 발견하게 된다.

불안해도 괜찮습니다

완벽주의가 위험한 이유는
그것이 '존재하지 않는 것'을 쫓는 여정이기 때문이다.

Adlerian Psychology

2부
—
아들러가 말하는
불안의 진실

Day 9

불안의 뿌리는
열등감이 아니다

불안은 열등감에서만 오지 않는다

불안을 느끼는 순간 우리는 종종 자신을 자책하며 열등감에 빠
진다. '나는 왜 이렇게 부족할까', '다른 사람보다 못하니 불안
한 건 당연해'라는 생각이 자연스럽게 떠오른다.

하지만 아들러는 불안의 뿌리를 그렇게 단순히 보지 않는다.
그는 열등감이 불안을 일으키는 직접적 원인이 아니며 그보다
중요한 건 '해석'이라고 말한다. 동일한 열등감을 느끼더라도 그
것을 성장의 자극으로 삼는 사람과 좌절의 근거로 삼는 사람의

차이는 바로 해석의 차이라 할 수 있다.

심리학자 앨버트 엘리스Albert Ellis는 인지치료 분야의 선구자로 합리적 정서행동치료REBT: Rational Emotive Behavior Therapy를 창시한 인물이다. 그는 인간의 정서적 고통이 사건 자체에서 오는 것이 아니라 그 사건을 해석하는 비합리적인 신념에서 비롯된다고 주장했다.

엘리스는 "사람은 느끼기 전에 생각한다"라는 관점을 기반으로 불안이나 분노 같은 감정이 잘못된 사고 패턴의 결과임을 밝혔다. 예컨대 실수를 했을 때 어떤 사람은 '나는 쓸모없는 사람이야'라고 생각하며 불안에 빠지지만 다른 사람은 '이번엔 실패했지만 다음엔 잘할 수 있어'라고 해석하며 자신을 격려한다. 똑같은 상황에서 전혀 다른 감정을 유발하는 것은 외부 환경이 아니라 그 상황에 대한 개인의 신념과 해석이다.

이처럼 나쁜 것은 열등감이라는 감정 자체보다 그 감정을 자기 존재 가치로 확대 해석하는 태도다. 열등감은 누구에게나 있을 수밖에 없다. 문제는 그것이 삶을 멈추게 하느냐 아니면 삶을 나아가게 하는 동력이 되느냐이다.

아들러는 감정조차도 선택일 수 있다고 말한다. 우리는 상황에 반응하는 존재이지만 그 반응 방식은 우리의 해석에 따라 달라진다. 불안도 마찬가지다. 그 자체가 문제가 아니라 내가 어떤 의미를 부여하느냐에 따라 삶을 방해하는 요소가 될 수도 삶을 조율하는 신호가 될 수도 있다.

숨겨진 믿음이 불안을 키운다

아들러는 불안을 단순한 감정이 아니라 때로는 어떤 행동을 정당화하는 심리적 전략으로 보았다. 이는 불안이 상황의 결과라기보다는 목적을 가진 수단일 수 있다는 뜻이다. '불안해서 못하겠다'는 말은 단지 감정의 토로가 아니라 실패의 가능성을 회피하기 위한 정서적 방패일 수 있다. 이렇듯 불안은 외부에서 주어지는 게 아니라 내면의 해석과 믿음에 의해 만들어진다.

이러한 신념은 대부분 어린 시절 형성된다. 주로 '감정이 자유롭게 표현될 수 없었던 환경'에서 스스로 생존을 위해 만들어낸 심리적 전략인 경우가 많다. 집안 분위기가 늘 긴장되어 있고 감정을 드러내면 '왜 울어?', '그런다고 해결되지 않아' 같은 말로 차단당했던 아이는 점차 자신의 감정을 느끼는 법도, 표현하는 법도 잊는다. 감정이 드러나면 위험하다고 배우는 것이다.

영화 『위플래쉬Whiplash』의 주인공 앤드류는 이러한 환경에서 살아가는 인물이다. 그는 세계 최고의 드러머가 되겠다는 집착에 가까운 목표를 향해 매진한다. 겉으로 보기에는 목표의식이 뚜렷한 열정적인 청년이지만 그 내면에는 '완벽하지 않으면 사랑받지 못한다'는 뿌리 깊은 신념이 자리 잡고 있다. 이는 그의 아버지처럼 조용하고 무기력한 삶을 피하고자 하는 욕망과 지독하게 엄격한 스승 플레처의 압박이 맞물리면서 강화된다.

플레처는 "최고의 적은 '좋아, 잘했어'라는 말"이라며 끊임없이 앤드류를 몰아붙인다. 앤드류는 그런 극한의 피드백 속에서 자신이 살아남으려면 더 완벽해야 한다고 믿는다. 이 과정에서 그는 실수할까봐 늘 불안에 시달리고 그 불안을 감추기 위해 연습을 강박적으로 반복한다. 심지어 피를 흘리며 느팀을 치면서도 멈추지 않는다.

그의 불안은 단순한 무대 공포나 실패에 대한 두려움이 아니다. 실수 하나로 인정받지 못할까, 존재 자체가 무시당할까 두려운 것이다. 다시 말해 그의 불안은 실수 자체보다 실수를 통해 '나는 쓸모없는 사람'이라는 메시지가 확증될까봐 생긴다. 이는 외부의 평가보다 내면에 각인된 신념이 만든 고통이다.

이처럼 불안은 종종 과거의 생존 방식에서 비롯된다. 그것이 현실에서는 과장된 반응처럼 보일 수 있지만 당사자에게는 스스로를 지키기 위한 진지한 방식이다. 우리는 불안한 사람을 보기 전에 그가 얼마나 오랫동안 불안을 통해 자신을 지켜왔는지를 먼저 볼 필요가 있다.

불안은 방향을 묻는 신호다

불안을 무조건 해소해야 할 감정으로 여기면 우리는 중요한 순간마다 스스로를 제한하게 된다. 하지만 아들러는 불안을 그렇게 보지 않았다. 그는 불안을 삶의 위협으로 간주하기보다 우리가 '지금 어떤 선택 앞에 서있는지'를 알려주는 정서적 신호로 해석했다.

불안은 결코 아무 이유 없이 찾아오지 않는다. 대부분은 중요한 결정을 앞두고 혹은 자신이 진심으로 바라는 무언가와 마주쳤을 때 생긴다. 따라서 그 감정을 밀어내려 하기보다 '나는 지금 무엇을 원하고 있는가?', '이 선택이 내게 중요한 이유는 무엇인가?' 그 속에 담긴 질문을 읽어내야 한다.

정신건강의학과 전문의 하지현 교수는 유튜브 채널 '빅퀘스

천Big Question'에 출연해 불안을 이렇게 설명한다.

> "불안은 내가 어떤 선택을 해야 할지 모를 때
> 그 선택의 기로에서 나타나는 감정이다.
> 불안은 나에게 중요한 것이 무엇인지,
> 내가 무엇을 원하는지를 알려주는 신호일 수 있다."

그는 불안을 단순히 제거해야 할 감정으로 보지 않는다. 오히려 그것은 삶의 우선순위를 재정렬하라는 내면의 요청이며, 자신이 진심으로 무엇을 원하는지 되묻는 감정적 경계선이라고 말한다. 이 말은 단지 '두려움'이나 '긴장'이라는 피상적인 불안의 정의에서 벗어나 불안을 통해 자기 탐색을 시작해야 한다는 방향을 제시한다.

우리는 보통 불안을 회피하려 한다. 그러나 하지현 교수는 불안을 '피할 감정'이 아닌 '이해해야 하는 감정'으로 본다. 그는 불안이 생길 때 중요한 것은 "그 감정이 내게 어떤 신호를 보내는지, 어떤 선택을 고민하고 있는지를 들여다보는 것"이라고 강조한다.

가령 중요한 결정을 앞두고 느끼는 막연한 초조감은 단순한 긴장이 아니라 나의 가치들이 충돌하고 있음을 알리는 신호일 수 있다. 그럴 때 우리는 '지금 나에게 진짜 중요한 건 무엇인가?'를 묻는 태도를 가져야 한다. 그렇게 불안을 마주하면 단지 감정이 줄어드는 것 이상으로 삶의 방향이 명확해진다.

하지현 교수의 관점은 불안을 없애려는 시도보다 불안을 삶의 설계 도구로 삼으라는 제안이다. 선택을 앞둔 순간의 불안은 그 선택이 나에게 얼마나 중요한지를 반증하는 것이며, 진짜 원하는 삶의 방향을 모색하는 기회가 될 수 있다. 그는 불안이라는 감정이 오히려 삶이 무뎌질 때 사라질 수 있다고 경고한다. 아무것도 중요하지 않을 때 불안은 없다. 다시 말해 불안은 무언가를 중요하게 생각하고 있다는 증거다.

따라서 불안이 올라올 때 우리는 그것을 억누르려 하기보다 '이 감정은 내게 무엇을 말하고 있는가?', '나는 무엇을 선택하려 하고 그 선택이 왜 이렇게 어려운가?'라는 질문을 통해 자기 삶의 우선순위를 재점검할 수 있어야 한다. 불안은 감정의 경고등이자 가치로운 삶을 살고자 하는 욕망의 흔적이다. 그것을 삶의 나침반으로 해석할 수 있다면 불안은 더 이상 우리를 삼키는 감정이 아니라 스스로를 발견하는 감정이 될 수 있다.

우리가 해야 할 일은 명확하다. 불안한 감정이 올라올 때마다 단순히 '왜 불안하지?'라고 묻는 데서 그치지 말고 '나는 지금 어떤 가치를 선택하려 하고 있는가?', '이 불안을 감수하면서까지 내가 지키고 싶은 것은 무엇인가?'라는 질문으로 시선을 돌리자.

이렇게 하면 불안은 더 이상 회피의 대상이 아니라 삶의 우선 순위를 재정렬하게 도와주는 내면의 나침반이 된다. 감정을 없애는 대신 감정이 향하는 방향을 해석하는 것. 이것이 불안을 통해 나아가는 아들러식 용기의 실천이다.

Day 10

나를 불안하게 만드는
가짜 믿음

완벽하지 않으면 사랑받을 수 없다는 착각

'나는 왜 늘 불안할까?'라는 의문을 가져본 적 있는가? 그 해답
을 찾기 위해 불안의 근원을 찾아가보면 '지금의 나로는 충분하
지 않다'는 믿음이 존재하는 경우가 많다. 이 믿음은 대부분 아
주 오래전부터 내 안에 자리 잡고 있었다.

　아이였던 나는 어쩌면 칭찬을 받기 위해 더 잘해야 했고 실수
했을 땐 유난히 따가운 눈총을 받았는지도 모른다. 이런 환경에
서 우리는 '실수하면 안 돼', '완벽해야만 인정받아' 같은 조건

적 사랑의 신호를 반복적으로 학습하게 된다.

저널리스트이자 불안장애를 겪은 스콧 스토셀Scott Stossel은 자신이 어린 시절부터 겪어온 극심한 불안과 그에 맞서 싸운 과정을 솔직하게 공개한다. 그는 수십 년 동안 심리 상담, 약물 처방, 심지어 명상과 요가까지 시도했지만 불안이 완전히 사라진 적은 단 한 번도 없었다고 고백한다. 중요한 발표나 사회적 상황 앞에서 그는 늘 '이번에도 망하면 끝이야', '사람들이 나를 형편없는 사람이라고 생각할 거야'라는 강박적인 사고에 휩싸였다. 그 감정은 단순한 긴장 이상이었다. 그에게 불안은 곧 자신의 존재 가치가 걸린 문제였다.

스토셀은 이처럼 불안이 현실보다 훨씬 앞선 해석 즉, 자신 안의 '가짜 믿음'에서 비롯된다고 말한다. 그는 자신이 어릴 때부터 '나는 불안한 사람이다'라는 정체성을 안고 살아왔으며 그로 인해 형성된 '나는 충분히 괜찮은 사람이 아니다'라는 믿음이 어떤 상황에서도 불안을 유발한다고 분석한다.

단순한 실수 하나가 내가 무가치하다는 결론으로 이어지는 것은 외부의 평가 때문이 아니라 자신 안에 이미 자리 잡은 기준 때문이다. 그 기준은 대개 검증된 진실이 아닌 과거의 경험 속에서 만들어진 이야기다.

그는 이렇게 말한다.

> "불안은 종종 내 삶이 아니라 내가 내 삶을
> 어떻게 해석하느냐에 따라 달라진다."

스토셀의 이야기는 우리에게 묻는다. 지금 느끼는 이 불안이 정말로 현실에서 비롯된 것인지, 아니면 내가 쌓아올린 신념의 결과인지를. 그렇게 물어볼 수 있을 때 우리는 불안이라는 감정의 중심에서 조금씩 벗어나 자신을 새로운 시선으로 바라볼 수 있게 된다.

신념이 감정을, 감정이 삶을 조종한다

잘못된 신념의 문제는 이 믿음들이 내면 깊숙이 자리 잡은 채 마치 진실처럼 작동한다는 데 있다. '사람들이 나를 무시할 거야', '지금 이걸 망치면 끝장이야' 같은 생각은 현실에 기반한 사실이 아니라 신념에 의해 과장된 예측이다. 하지만 이런 생각에 사로

잡히면 우리는 불안을 피하려 행동 자체를 회피하거나 자신을 끊임없이 몰아세우게 된다. 그 결과 삶의 방향마저 이 믿음들에 의해 좌우되기 시작한다.

가짜 믿음의 파괴력을 보여주는 실제 사례로 미국의 전 퍼스트 레이디 미셸 오바마Michelle Obama의 이야기를 들 수 있다. 그녀는 프린스턴대학교에 입학했을 당시 '나는 이곳에 있을 자격이 없다'는 생각에 시달렸다. 단지 명문대에 진학한 첫해라서 느껴지는 긴장이 아니라 '흑인 여성이라서', '노동자 계층 출신이라서' 자신이 그 자리에 어울리지 않는다고 느끼는 깊은 내면의 신념이었다. 주변 사람들은 그녀를 응원하거나 환영했지만 그녀는 '내가 여기 있다는 것 자체가 누군가의 실수는 아닐까?'라는 의심 속에서 하루하루를 견뎌야 했다.

이러한 생각은 '정말 똑똑하고 완벽하게 준비된 사람만이 여기에 있어야 한다'라는 그녀의 기준을 스스로가 충족하지 못한다고 느낄 때마다 더 크게 작용했다. 이는 외부의 실제 평가보다 자신의 존재를 향한 '내면의 눈'이 만들어낸 불안이었다. '나는 충분히 괜찮은 사람이야'라고 믿는 대신 '나는 끊임없이 증명해야만 하는 존재야'라는 믿음이 그녀의 사고와 감정을 지배했던 것이다.

그러나 미셸 오바마는 이 믿음을 점차 의심하고 새로운 기준을 만들어나갔다. 그녀는 스스로에게 '나는 여기 있을 자격이 있다'고 반복해서 말하며 과거에 내면화한 기준이 진실이 아님을 받아들였다. 이 과정은 단순한 자기 확신의 문제가 아니라 스스로의 삶을 어떻게 바라보고 해석할 것인가에 대한 깊은 재정의였다.

이 사례는 보여준다. 우리가 믿는 기준이 반드시 현실을 반영하는 것은 아니다. 오히려 그 기준은 성장 과정에서 만들어진 왜곡된 해석일 수 있다. 그러한 믿음이 깨지기 전까지는 아무리 성공을 거두어도 불안은 계속된다. 그러니 지금 느끼는 불안이 단지 현재의 상황 때문인지, 아니면 오래전부터 내 안에 자리해 온 신념 때문인지를 되묻는 일이 필요하다.

우리도 마찬가지다. 어떤 감정이 자주 올라온다는 건, 그만큼 자주 떠오르는 생각이 있다는 뜻이다. 반복되는 불안 뒤에는 반복되는 생각이 있고 그 생각은 결국 고착된 믿음에서 출발한다. 그 믿음이 사실인지 아닌지조차 점검해보지 않은 채 감정에 휘둘리며 살아가서는 안 된다.

불안해도 괜찮습니다

믿음을 의심할 수 있는 용기

아들러는 인간의 정신을 '정적인 성향'이 아닌 '역동적 기능체계'로 보았다. 정신은 단순히 감정이나 사고가 흘러가는 공간이 아니라 어떤 목표를 향해 방향을 설정하고 이를 조직하는 기관이다. 이는 그의 이론에서 반복적으로 강조되는 '목표 지향성' 개념과도 밀접하다.

따라서 우리가 불안이라는 감정을 느낄 때 아들러는 이를 단순한 반응이 아닌 정신기관이 특정 목표를 위해 선택한 해석적 전략으로 본다. 여기서 말하는 목표란 대부분 생존, 소속, 인정, 안전과 같은 '삶의 과제'에 대한 반응이다. 가령 '사람들이 날 무시하면 안 돼', '실수해서는 안 돼' 같은 강박적인 믿음은 이 목표를 향해 정신이 짜놓은 '가설적 전제'에 기깁다.

아들러는 인간의 정신을 하나의 유기체처럼 보고 이 정신기관이 외부 자극을 있는 그대로 받아들이기보다 자신의 목표와 신념에 따라 '의미를 부여'하고 '정서 반응'을 조절한다고 설명했다. 그렇기 때문에 불안 역시 특정한 해석이 낳은 결과물일 수 있다. 이런 관점에서 보면 '나는 실패하면 안 돼'라는 믿음은 현실을 객관적으로 반영한 '사실'이 아니라 정신기관이 안전을 추구하기 위해 내린 '가정'이다.

문제는 이 가정이 지나치게 강해졌을 때 오히려 삶의 유연성을 잃게 된다는 점이다. 불안을 줄이고 싶다면 이 정신기관이 작동하는 방식 즉, 내가 어떤 믿음을 가지고 그 상황을 해석하고 있는가를 점검해야 한다. 그리고 아들러가 강조했듯 그 믿음을 '절대적 진리'가 아닌 '검토 가능한 가정'으로 놓고 의심해볼 수 있는 태도가 필요하다.

결국 불안을 없애는 길은 감정을 조작하는 것이 아니라 그 감정을 낳는 '목표와 해석'을 재조정하는 것이다. 이것이 아들러가 말한 진정한 정신적 성장의 방향이다.

불안을 줄이고 싶다면 불안 자체를 없애려 하지 말고 그 밑에 깔린 신념을 들여다보아야 한다. '내가 이렇게까지 불안한 이유는 무엇일까?', '어떤 생각이 이 불안을 계속 유지시키고 있을까?'라고 스스로에게 묻는 것이 시작이다. 핵심은 그 믿음을 '진실'이 아니라 '가정'으로 취급해보는 것이다.

예를 들어 '나는 이 일에 실패하면 남들에게 인정받지 못할 거야'라는 생각이 들었다면 그것이 과연 사실인지 차분히 따져볼 필요가 있다.

'그건 누구의 기준이지?'

'실패한 적이 있다고 해서
내가 무가치하다는 증거가 되나?'

'내가 그렇게 판단했던 순간이
실제로 내 인생을 결정했나?'

이런 질문은 생각의 절대성을 흔들고 감정에 휘둘리지 않고 삶을 바라볼 수 있는 여지를 만들어준다. 중요한 것은 우리가 무심코 믿고 있는 생각들이 반복적 감정의 근거가 된다는 점이다. 그 생각이 진실이 아닐 수도 있다고 자각하는 순간 불안은 처음부터 다른 얼굴로 다가오기 시작한다.

어떤 생각은 부모나 교사의 말에서 왔고 어떤 생각은 어린 시절 상처에서 비롯되었을 수 있다. 그 생각이 당시에는 생존을 위한 전략이었을 수 있으나 지금도 여전히 유효한지는 따져보아야 한다.

이 과정은 단순한 논리적 반박이 아니라 내 삶을 지배해온 해석의 렌즈를 교체하는 작업이다. 믿음을 의심한다는 건 나를 부정하는 일이 아니라 나를 더 정확히 이해하는 일이다. 나를 조종

해온 기준과 명령을 하나씩 내려놓을 수 있을 때 우리는 비로소 감정의 파도에 휩쓸리지 않고 그 안에서 방향을 잡을 수 있다. 불안을 없애는 것이 아니라 불안 너머의 진짜 이야기를 발견하는 것. 그것이야말로 진정한 변화의 시작일지도 모른다.

불안을 만드는 믿음은 대개 논리가 아니라 감정에 기반해 있다. 그래서 그 믿음을 의심하는 일은 불안을 마주하는 용기를 필요로 한다. 하지만 바로 그 용기가 우리가 더 자유롭게 살아갈 수 있는 출발점이 된다. 가짜 믿음을 내려놓을 수 있을 때 우리는 비로소 현실에 반응하는 삶을 살 수 있다. 감정이 아닌 진짜 나의 선택으로 살아가는 삶을 말이다.

불안해도 괜찮습니다

Day 11

불안은 내가 나를 지키려는 방법이다

불안은 나를 보호하는 본능이다?

불안을 느낄 때 우리는 가장 먼저 그 감정을 없애고 싶어진다. '왜 이렇게 불안하지?', '이 감정을 어떻게든 없애야 해'라는 생각이 머릿속을 지배한다. 하지만 아들러는 불안을 단순히 제거해야 할 감정으로 보지 않았다. 그는 불안조차도 '목적을 가진 반응' 이라고 설명한다. 불안은 나약함의 표시가 아니라 내가 나를 지 키기 위해 선택한 감정일 수 있다. 그것이 바로 불안이 갖는 본 질적 역할이다.

불안은 단지 두려움이 아니다. 그것은 내가 무엇을 중요하게 여기는지, 무엇을 지키고 싶어 하는지를 드러내는 정서다. 원시 시대의 인간이 맹수와 천재지변으로부터 살아남기 위해 불안을 진화시켰듯, 현대인의 불안도 여전히 같은 구조 안에 있다. 단지 그 대상이 '생존'에서 '평판', '실패', '관계'로 바뀌었을 뿐이다. 중요한 면접을 앞두고 느끼는 불안, 누군가와의 대화 전 찾아오는 긴장감은 내가 그 상황을 얼마나 소중히 여기는지를 보여주는 정직한 반응이다.

심리학에서도 불안은 단순한 본능이 아닌 학습된 감정일 수 있다는 점을 보여준다. 1920년 행동주의 심리학자 존 B. 왓슨 John B. Watson과 로잘리 레이너Rosalie Rayner는 '리틀 알버트' 실험을 통해 감정이 어떻게 학습될 수 있는지를 보여주었다.

그들은 생후 11개월 된 알버트에게 흰 쥐를 보여주는 동시에 큰 소리를 들려주었고 그 결과 알버트는 흰 쥐는 물론, 흰색 털이 달린 코트나 토끼, 심지어 산타클로스 가면에도 공포 반응을 보이게 되었다. 특정 자극과 불쾌한 경험이 반복적으로 연합되자 알버트는 그와 비슷한 자극에도 불안을 느끼게 된 것이다.

이 실험은 불안이 선천적인 감정이 아니라 환경과 경험에 의해 학습될 수 있다는 사실을 시사한다. 우리가 지금 느끼는 불안도 어쩌면 과거의 비슷한 경험이 남긴 기억과 신념이 반복적으로 작동한 결과일 수 있다. 그렇다면 중요한 것은 감정을 억누르는 것이 아니라 그것이 어디서 시작되었는지, 왜 그렇게 작동하는지를 들여다보는 일이다. 그렇게 할 때 불안은 내가 지키고자 애썼던 과거의 흔적이었음이 드러나고 동시에 현재를 새롭게 해석할 수 있는 단서가 된다.

아들러는 불안을 해석의 관점에서 바라본다. 불안은 외부 자극 그 자체보다 그 자극을 어떻게 해석하느냐에 따라 전혀 다른 감정 반응을 만들어낸다. 예컨대 내가 보낸 메시지를 읽고 상대방이 답장을 늦게 할 때 어떤 사람은 '나를 무시하는 건 아닐까?'라며 불안해 하지만 다른 사람은 '바쁘겠지, 나중에 답하겠지'라고 해석하며 평정심을 유지한다. 상황은 같지만 해석이 다르기 때문에 감정 반응도 전혀 다르게 나타나는 것이다.

이처럼 불안은 상황이 만드는 감정이 아니라 그 상황을 바라보는 나의 기대와 해석이 만들어낸 결과다. 내가 무언가를 '실패하면 안 되는 일', '거절당하면 끝나는 관계'라고 정의할수록 불안은 더 쉽게, 더 강하게 일어난다. 반면 그 상황을 '흔들릴 수 있는 일', '다시 시도할 수 있는 기회'로 해석하는 사람은 같은 상황 속에서도 감정을 더 유연하게 다룰 수 있다.

불안은 내가 중요하게 여기는 것을 알려준다

심리학자들이 한 가지 공통적으로 발견한 사실이 있다. 사람들은 '두려운 것'보다 '소중한 것' 앞에서 더 불안해한다는 것이다.

스탠퍼드대학교의 심리학자 캐럴 드웩Carol Dweck은 이러한 현상을 설명하기 위해 '마인드셋mindset' 이론을 제시했다. 그녀는 개인이 자신의 능력을 고정된 것으로 믿는 '고정 마인드셋fixed mindset'을 가질 경우 실패를 개인의 본질적인 결함으로 해석하여 불안을 더 크게 느낄 수 있다고 설명한다.

반면 능력이 노력과 학습을 통해 발전할 수 있다고 믿는 '성장 마인드셋growth mindset'을 가진 사람들은 실패를 학습의 기회로 받아들이며 불안을 덜 느끼는 경향이 있다고 했다. 이러한 연구는 불안은 단순한 감정이 아니며 불안의 정도는 개인이 무엇을 중요하게 여기고 어떤 신념을 가지고 살아가는지에 따라 달라진다는 점을 보여준다.

예를 들어 누군가가 입사 면접을 앞두고 불안해지는 것은 단지 낯선 사람들과 대면하는 상황이 두려워서가 아니다. 그 면접이 자신의 역량, 경력, 그리고 앞으로의 삶의 방향과 연결되어 있기 때문이다. 또는 SNS에 어떤 글을 올리고 나서 반응이 없을

불안해도 괜찮습니다

때 마음이 불편한 것은 그것이 '자기 자신'을 드러내는 통로이며 그 반응이 자신이 중요하게 여기는 가치에 대한 사회적 피드백처럼 다가오기 때문이다.

이처럼 불안은 단순한 두려움이 아니라 내가 무엇을 중요하게 여기는지를 정직하게 드러내는 감정이다. 불안은 우리 삶의 방향을 비추는 정서적 나침반이다. 그것은 내가 진심으로 중요하게 여기는 것, 내가 지키고 싶은 가치가 무엇인지를 조용히 알려주는 신호다.

그래서 우리는 불안을 제거하는 데만 집중할 것이 아니라 그 감정이 나에게 말하고 있는 것을 들어볼 필요가 있다. 불안이 찾아올 때 그 밑에는 언제나 스스로가 소중히 여기는 무언가가 있다.

아들러는 "불안은 감정이 아닌 관계에 대한 신호다"라고 말했다. 이 말은 불안을 통해 내가 해결하고자 하는 문제가 무엇인지 드러난다는 뜻이다. 감정을 억누르기보다 감정이 말하고자 하는 것을 듣는 태도가 필요하다. 불안은 회피의 대상이 아니라 탐색의 시작점이 될 수 있다.

불안을 삶의 방향으로 바꾸는 연습

불안을 줄이는 가장 실질적인 방법은 그것을 없애려는 것이 아니라 그것을 '해석'하는 방식에 있다.

첫 번째로 중요한 것은 불안을 있는 그대로 인정하는 것이다. '나는 지금 불안하다'라고 말하는 순간 우리는 그 감정과 싸우는 것이 아니라 그것과 대화할 수 있는 여지를 만든다. 이 수용의 태도는 이미 불안의 강도를 절반으로 낮춘다.

두 번째는 불안을 조절할 수 있는 자신만의 루틴을 마련하는 것이다. 예를 들어 불안이 심해질 때마다 일정한 호흡을 반복하거나, 짧은 산책을 하거나, 생각을 일기로 써보거나, 신뢰하는 사람에게 감정을 털어놓을 수 있다. 이것들은 감정이 고조되기 전 미리 정서적 안전장치를 마련하는 방법이다. 이는 단순한 기분 전환이 아니라 감정과 거리두기를 가능하게 만드는 실질적인 전략이다.

마지막으로 가장 본질적인 방법은 질문하는 것이다. 불안이 밀려올 때 그 감정을 억누르려 하기보다 스스로에게 이렇게 물어보자.

'이 불안은 나에게 무엇을 말하고 있는가?'

'나는 지금 어떤 가치를 지키고 싶은 걸까?'

'이 불안은 나에게 어떤 선택을 요구하고 있는가?'

이러한 질문은 불안을 단순한 장애물이 아니라 삶의 우선순위를 돌아보게 하는 기회로 바꿔준다. 불안은 내가 중요한 것을 지키고 싶다는 내면의 목소리다. 캐럴 드웩이 말한 것처럼 우리는 실패를 두려워하기보다 실패 속에서 배우려는 태도를 통해 불안을 해석할 수 있다. 그렇게 될 때 불안은 더 이상 나를 억누르는 삼성이 아니라 성장의 방향을 알려주는 안내표가 된다.

아들러는 "불안은 내가 나를 지키기 위해 선택한 방식이다"라고 말한다. 우리가 해야 할 일은 불안을 억누르거나 도망치는 것이 아니라 그것을 이해하고 다루는 힘을 기르는 것이다. 감정은 언제나 삶의 방향을 알려주는 나침반이다. 특히 불안은 그 방향이 흐려질 때 깜빡이는 경고등과 같다. 그것은 멈추라는 신호가 아니라 잠시 고개를 돌려 '나는 지금 어디로 가고 있는가?'를 묻는 기회다.

"삶은 거꾸로 이해되지만, 앞을 향해 살아가야 한다."

쇠렌 키르케고르

불안은 그 이해의 출발점이 될 수 있다. 지금 느끼는 감정의 떨림 속에 앞으로 나아가야 할 삶의 실마리가 담겨 있다. 불안을 외면하는 대신 그것이 향하는 방향을 따라가 보자. 그곳에는 우리가 진심으로 바라는 삶의 단서가 숨어있을지도 모른다.

Day 12

타인의 시선에서
벗어나기 어려운 이유

왜 우리는 타인의 시선을 그토록 의식할까

아들러 심리학은 인간의 정신생활이 철저히 '사회적'이라는 전제에서 출발했다. 그는 우리가 타인의 시선을 민감하게 의식하는 이유를 '공동생활의 요구들'이라는 개념으로 설명한다.

인간은 태어나는 순간부터 타인과의 관계 속에서 살아가야 하며 이는 단지 생존을 위한 조건일 뿐 아니라 정신적으로도 안정감을 위한 필요조건이다. 공동체 사회에서 소속과 인정은 곧 생존과 직결되었다. 이러한 역사적 배경은 우리 정서에 깊이 새겨져, 지금까지도 타인의 시선이나 평가를 중요한 정보로 받아들이도록 만든다. 아들러는 이것을 '공동체 감정'이라 불렀다. 즉, 타인과의 연결, 소속, 유대감을 추구하려는 내면의 본능이다.

그러나 이 감정이 지나치게 왜곡될 때 우리는 타인의 기준에 나를 맞추려 하며 내 존재 가치를 외부의 인정에 맡겨버리게 된다. 이는 곧 자율성의 상실로 이어지고 나를 평가받는 대상이 아닌 조절할 수 없는 대상처럼 느끼게 한다.

진화심리학에 따르면 인간은 수백만 년 동안 소규모 집단에서 협력하며 살아온 존재다. 이런 환경에서 개인의 생존은 단독으로 가능하지 않았고 집단에 소속되고 신뢰를 얻는 것이 곧 생존과 직결되었다. 실제로 사회적 배제가 곧 생물학적 위협이던 시기가 있었던 것이다.

텍사스대학교의 진화심리학자 데이비드 버스David Buss를 비롯한 연구자들은 인간의 두뇌가 타인의 반응, 인정, 배제를 매우 민감하게 인식하도록 발달했다고 설명한다. 이러한 뇌의 구조는 현대 사회에서도 그대로 작동한다.

오늘날은 공동체에서 추방된다고 생존을 위협받는 것은 아니지만 여전히 사람들은 '소속되지 못할까 봐', '비난받을까 봐' 불안해한다. 이것은 단순히 사회적 예의나 성격의 문제가 아니라 깊은 생물학적 기제에 따른 정서 반응이다.

신경과학적으로도 사회적 배제나 무시는 신체적 고통과 유사한 뇌 영역예: 전측대상피질, anterior cingulate cortex을 활성화시킨다는 연구 결과가 있다. 즉, 누군가에게 무시당했을 때의 불쾌함은 진짜 상처를 입었을 때의 고통과 신경학적으로 유사한 반응을 일으킨다.

결국 우리가 타인의 시선을 신경 쓰는 이유는 '나약해서'가 아니다. 오히려 그것은 우리가 얼마나 오래도록 관계와 소속을 생존의 기반으로 삼아왔는지를 보여주는 증거다. 불안은 그 본능이 여전히 작동하고 있다는 신호이며 그 자체로 잘못된 것이 아니다. 중요한 것은 그 감정을 억누르거나 부정하기보다는 왜 그런 감정이 생기는지를 이해하고 해석하는 것이다.

문제는 현대 사회에서 이 본능이 때때로 과도하게 작동한다는 점이다. 이제는 공동체의 생존보다 개인의 개성과 방향이 중요한 시대임에도 우리는 여전히 '인정받고 싶다', '비난받고 싶지 않다'는 욕망에 사로잡힌다. 이 욕망이 너무 커져 나의 자존감마저 좌우하게 되면, 타인의 평가가 좋으면 기분이 좋아지고 조금이라도 비판을 받으면 스스로의 가치를 의심하게 된다. 이렇게 되면 삶의 주도권은 점점 외부로 넘어가고 내 감정의 리모컨은 다른 사람의 손에 쥐어지게 된다.

비교는 불안을 키운다

2019년, 대한민국의 유명 연예인 설리가 세상을 떠나며 사회에 큰 충격을 안겼다. 그녀는 SNS를 통해 화려한 일상을 공유하며 많은 이들의 부러움을 샀지만 그 이면에는 끊임없는 비교와 평가의 압박이 있었다. 동료 연예인들과의 비교, 대중의 기대에 부응해야 한다는 부담감은 그녀에게 극심한 불안을 안겼고 결국 극단적인 선택으로 이어졌다. 이 사건은 비교와 경쟁이 개인의 정신 건강에 얼마나 큰 영향을 미칠 수 있는지를 보여주는 대표적인 사례다.

가수 아이유 또한 데뷔 초부터 비교와 평가의 대상이 되었고 그로 인해 심리적인 어려움을 겪었다고 밝혔다. 그러나 그녀는 이러한 경험을 통해 음악과 삶에 큰 성장을 이룩했으며 이후에는 자신만의 기준을 세우고 타인의 시선에서 벗어나기 위해 노력했다고 전했다.

최근 넷플릭스 시리즈 「폭싹 속았수다」 종영 인터뷰에서 그녀는 이렇게 말했다. "억울한 순간이 없었다고 하면 거짓말이지만 반대로 내가 가지고 있는 성정에 비해 실제 좋게 봐주시는 것도 크다고 생각한다." 대중의 평가와 정치적 루머, 끝없는 비교 속에서 그녀는 자신의 내면을 지켜내기 위해 꾸준히 노력해왔다. 비교의 시선을 해석하는 태도 자체가 그녀를 지켜낸 셈이다.

나에 대한 평가는 타인의 몫

비교와 타인의 시선은 개인의 정신 건강에 심각한 영향을 끼친
다. 우리는 무의식적으로 자신을 타인과 비교하며 그로 인해 불
안을 느끼고 자존감이 낮아질 수 있다. 이러한 비교의 프레임에
서 벗어나기 위해서는 자신만의 기준을 세우고 타인의 시선에
휘둘리지 않는 삶의 자세가 필요하다.

　친구의 승진 소식, 동료의 성과, SNS 속 누군가의 일상을 보
며 '나는 왜 저만큼 못하지?'라고 자책한다. 더 나은 사람은 언
제나 존재하기 때문에 이 비교는 끝이 없고 만족은 늘 부족하
다. 결과적으로 우리는 타인의 시선을 두려워하기보다 타인과
의 비교를 통해 나 스스로를 판단하기 때문에 불안을 느낀다.

　뿐만 아니라 인정받고 싶은 마음 즉, '인정 욕구'도 불안의 주
요한 원인이 된다. '내가 이렇게 행동하면 사람들이 어떻게 생
각할까?'라는 의식은 결국 타인의 기대에 나를 맞추려는 시도
로 이어진다.

　아들러는 이러한 태도를 '타인의 과제에 간섭하는 것'이라 말

했다. 타인이 나를 어떻게 평가할지는 그들의 몫이다. 그런데 우리는 그 평가를 스스로의 몫으로 착각하고 그에 따라 불안해한다. 결국 나의 감정은 타인의 반응에 종속된다.

진정한 자유는 내 안에서 시작된다

브레네 브라운Brene Brown은 미국의 심리 연구자이자 사회복지학 교수로 취약성과 용기, 자기 수용에 관한 연구로 널리 알려져 있다. 그녀는 "자유란 다른 사람이 나를 어떻게 생각하느냐에 따라 나 자신을 규정하지 않는 것이다"라고 말했다. 이 말은 단순한 이상론이 아니다. 브라운은 수많은 인터뷰와 강연, 저술을 통해 사람들이 타인의 기대와 시선 속에서 자신을 잃어버리는 과정을 지적하며 진정한 자유는 외부의 인정이 아닌 자기 수용에서 비롯된다고 강조해왔다.

그녀는 특히 '취약함vulnerability'을 인정하고 드러내는 용기가 자기 성장의 출발점이라는 점을 반복해서 말한다. 많은 사람이 타인의 평가를 두려워하여 자신의 진짜 감정이나 생각을 감추고 살아간다. 그러나 브라운은 그러한 삶이 오히려 더 큰 불안과 고립을 낳는다고 지적한다. 진정한 자유는 타인의 인정을 구

불안해도 괜찮습니다

걸하지 않고 나 자신을 있는 그대로 바라보고 수용할 수 있을 때 가능하다는 것이다.

타인의 시선을 완전히 신경 쓰지 않고 살아가는 것은 어려운 일이다. 특히 외모에 대한 시선은 그 영향력이 더욱 강하다. 많은 사람들이 외모 콤플렉스를 안고 살아가며 타인의 평가에 따라 자신의 가치를 판단하게 된다. '살이 쪘다', '피부가 안 좋다' 는 말 한마디가 하루의 기분을 좌우하고 거울 속 나를 부정적인 시선으로 바라보게 만들기도 한다.

그러나 그 시선이 나의 기준이 되지 않도록 하는 것은 가능하다. 외모는 타인이 평가할 수 있는 영역이지만 그 평가에 나를 맞출지는 온전히 나의 선택이다. 자신을 있는 그대로 인정할 때 외모에 대한 불안도 조금씩 줄어들 수 있다.

우리에게는 스스로를 인정하는 연습이 필요하다. 작은 성취에도 '잘했어', '충분히 의미 있었어'라고 말해주는 것, 실수했을 때도 '괜찮아, 나에게 필요한 과정이었어'라고 위로해주는 것 말이다. 타인의 인정에 의존하지 않고도 스스로의 기준을 세울 수 있다면 우리는 점점 자유로워질 수 있다. 비교 또한 마찬가지다. 남과 비교하지 않고 어제의 나와 오늘의 나를 비교하는 것. 아주 작은 성장이라도 발견해주는 것이 나를 지키는 방식이 된다.

결국 타인의 시선이 나를 불안하게 만드는 이유는 그 시선이 곧 나의 가치를 결정한다고 믿기 때문이다. 그러나 진짜 중요한 것은 내가 나를 어떻게 바라보느냐다. 불안을 줄이는 길은 타인의 평가에서 벗어나는 것이 아니라 나의 기준을 세우는 데 있다. 자유는 밖에서 오는 것이 아니라 스스로의 내면에서 시작된다는 것을 기억하자.

불안해도 괜찮습니다

Day 13

완벽해야 한다는
착각의 덫

완벽주의, 불안을 키우는 위험한 믿음

아들러는 "변화하려면 강박사고에서 벗어나야 한다."라고 말했다. 여기서 말하는 '강박사고'란 삶을 예측 가능하게 만들고자 하는 강한 통제욕, 그리고 그것이 무너졌을 때 생기는 불안을 말한다. 아들러는 인간이 스스로를 옭아매는 불안의 원인을 외부가 아닌 '삶을 해석하는 방식'에서 찾았다. 대표적인 예가 바로 완벽주의다.

이 문장은 단순한 다짐처럼 보이지만 많은 사람들에게는 불안을 유발하는 강력한 믿음이다. 겉으로는 자기계발이나 성실함의 표현처럼 보이지만 내면을 들여다보면 실패에 대한 두려움과 타인의 인정에 대한 집착이 숨겨져 있다. 실수를 용납하지 못하고 끊임없이 자신을 검열하는 습관은 스스로를 더 높은 불안 속으로 몰아넣는다. 완벽주의는 마치 자신에게 채찍을 들이대며 더 나아가려는 것처럼 보이지만 실상은 실패할 가능성을 없애려는 회피 전략이다.

아들러는 이를 "실패를 피하기 위한 정교한 심리적 방어기제"라고 설명한다. 다시 말해 완벽주의는 용기의 형태를 한 두려움이다. 실제로 완벽주의적 사고를 가진 사람일수록 새로운 시도에 더 조심스럽고 결과가 확실하지 않으면 쉽게 시작하지 못한다.

이와 관련해 2019년 크로아티아 오시예크대학교에서 실시된 연구는 흥미로운 결과를 보여준다. 연구진은 대학생 227명을 대상으로 완벽주의 성향과 과제 미루기 행동의 상관관계를 분석했는데, 그 결과 부적응적 완벽주의가 높은 학생일수록 새로운 과제를 시작하는 데 더 많은 불안을 느끼고 그로 인해 과제 수행을 미루는 경향이 두드러졌다.

이들은 '완벽하게 시작할 준비가 되지 않으면 시작하지 않는다'는 사고방식을 갖고 있었고 그로 인해 실패의 가능성보다 불완전한 시작을 더 두려워하는 모습을 보였다. 그들에게는 '도전'보다 '실패하지 않음'이 더 중요하기 때문이다. 이처럼 완벽주의는 진정한 성장보다는 안정과 통제를 우선시하며 결국 삶의 가능성을 제약하게 만든다.

완벽주의자는 모든 선택과 행동에 있어 '오류 없음'을 목표로 삼는다. 작은 실수에도 쉽게 좌절하고 끊임없이 자신을 검열한다. 이는 불안을 더욱 증폭시키는 결과로 이어진다. 아무리 노력해도 완벽이라는 기준은 충족될 수 없기 때문이다. 결국 완벽주의는 불안을 줄이기는커녕 더 깊게 만드는 독이 된다.

이러한 완벽주의의 위험성은 인간 존재의 본질적 한계에서도 기인한다. 인간의 판단은 본질적으로 제한된 정보와 불확실한 조건 속에서 이루어지며 환경은 끊임없이 변하기 때문에 '오류 없는 결정'은 사실상 불가능하다. 심리학자 배리 슈워츠Barry Schwartz는 이를 '선택의 역설'이라 표현했는데 선택의 폭이 넓어질수록 오히려 완벽한 결정을 내리기 어렵고 그로 인해 후회와 불안이 커진다는 것이다. 결국 삶이란 '불완전한 선택의 연속'이며 이를 인정하지 않는 완벽주의는 현실과 끊임없이 충돌할 수밖에 없다.

'완벽'이라는 환상의 본질

완벽주의가 위험한 이유는 그것이 '존재하지 않는 것'을 쫓는 여정이기 때문이다. 이는 마치 사막 한가운데서 신기루를 쫓는 것과 같다. 처음엔 분명 실재하는 무언가처럼 보이지만 가까이 다가갈수록 그것은 더욱 멀어지고 결국 존재하지 않음이 드러난다. '완벽'이란 실현 불가능한 이상에 불과하지만 사람들은 그곳에 도달하면 불안이 사라질 것이라는 착각에 빠진다. 그러나 현실은 정반대다. 완벽에 가까워질수록 우리는 더 높은 기준을 세우고 작은 결함에도 더 큰 두려움을 느낀다. 결국 그 끝엔 도달할 수 없는 지점을 향한 지치고 외로운 발걸음만이 남는다.

　특히 대한민국 사회에서는 이러한 완벽주의적 압박이 더욱 두드러진다. 학업, 취업, 외모, 인간관계 등 거의 모든 영역에서 높은 기준이 요구되고 실수나 실패는 곧 자격 미달로 간주되는 문화가 팽배하다. 많은 청년들이 '이 정도로는 안 된다'는 조급함에 시달리며 끊임없이 자신을 채근하고 중년층은 '아직도 부족하다'는 불안 속에서 자기를 몰아세운다. 완벽함을 향한 강박은 성취감을 주기보다 자존감을 갉아먹고 삶을 버거운 숙제처럼 느끼게 만든다.

또한 많은 이들이 '완벽해야만 사랑받을 수 있다'라고 믿는다. 이는 유년기의 경험에서 비롯된 왜곡된 신념일 수 있다. 발달심리학에서는 이러한 신념 형성과 관련해 '애착 이론'을 주요하게 다룬다.

존 볼비John Bowlby와 메리 에인스워스Mary Ainsworth의 연구에 따르면 아동이 양육자와 안정적인 애착을 형성하지 못할 경우 사랑은 조건부이며 자신의 행동이나 성취를 통해서만 인정받을 수 있다고 믿게 되는 경향이 있다. 특히 성취를 강조하는 환경에서 자란 아이는 '잘해야만 인정받는다', '완벽해야만 사랑받을 수 있다'는 사고방식을 내면화하게 된다. 아들러는 이러한 태도를 "사랑받기 위한 조건이 존재한다는 믿음"이라고 표현하며 이것이 자존감을 해치는 핵심 원인이라고 지적했다.

꼭 잘하지 않아도 괜찮다. 애쓰지 않아도, 완벽하지 않아도 우리는 이미 소중한 존재다. 존재 그 자체로 사랑받을 수 있다는 감각은 단지 이론이 아니라 스스로에게 건넬 수 있는 가장 따뜻한 메시지다. 그 믿음을 회복할 때 우리는 더 이상 외부의 평가에 흔들리지 않고 자신을 지켜낼 수 있는 힘을 얻게 된다. 진정한 자존감은 외적 조건이 아닌 '있는 그대로의 나'를 수용하는 데서 출발한다. 완벽하지 않아도 괜찮다는 믿음이야말로 자기를 보호하고 성장시키는 가장 큰 용기다.

완벽주의의 덫에서 벗어나는 방법

완벽하지 않으면 불안한 마음, 늘 스스로에게 더 높은 기준을 요구하는 습관, 남들보다 부족해 보일까 두려운 감정. 이런 감정 속에 하루하루를 버티는 것은 결코 당신만이 아니다. 완벽주의는 단순한 성격이 아니라 많은 이들이 겪는 내면의 불안에 연결된 삶의 방식이기도 하다.

그래서 완벽주의를 내려놓는다는 건 단순한 습관 교정이 아니라 자신을 대하는 태도를 바꾸는 깊은 용기의 여정이다. 그 여정의 첫걸음은 '완벽은 존재하지 않는다'는 사실을 인정하는 것이다. 그리고 그 다음은 지금 이 자리에서 내가 할 수 있는 구체적인 행동들을 하나씩 시작해보는 것이다.

첫째, '충분히 괜찮은 상태'를 목표로 하자. 배우 엠마 왓슨Emma

불안해도 괜찮습니다

Watson은 한 인터뷰에서 "나는 완벽주의자였지만 이제는 '충분히 괜찮은 것'을 받아들이는 법을 배우고 있다"라고 말했다. 그녀는 더 이상 모든 일에서 최고가 되려고 애쓰기보다 자기다움을 지키는 쪽이 훨씬 자유롭다고 느낀다고 전했다. 우리도 마찬가지다. 모든 일을 100점으로 완성하지 않아도 괜찮다. 70~80점이면 충분할 수 있다. 완벽이 아니라 꾸준함, 비교가 아니라 성장의 흐름이 더 중요하다.

둘째, 실수와 실패를 성장의 기회로 보자. 심리학자 캐럴 드웩은 '성장 마인드셋' 이론을 통해 실수를 학습의 일부로 받아들이는 사람일수록 더 큰 회복력과 성취를 보인다고 밝혔다. 실패는 멈춤이 아니라 배움의 출발점이 될 수 있다. 아들러 역시 "실수 없는 삶은 도전 없는 삶"이라며 실수를 감내하지 않으려는 태도는 곧 정체된 삶이라고 강조했다.

셋째, 자기 기준을 세우자. 작가 버지니아 울프Virginia Woolf는 "자기 삶의 주인이 되려면 남들이 아니라 사신에게 가장 정직해져야 한다"고 말했다. 완벽주의는 종종 타인의 기대를 무비판적으로 받아들이면서 심화된다. '나는 왜 이걸 하려고 하지?', '이건 나에게 어떤 의미가 있지?'라는 질문은 내면의 목소리를 되찾는 첫걸음이다. 진정한 기준은 밖이 아니라 안에서 온다.

불안과 함께 걷는 용기, 완벽하지 않아도 괜찮다는 수용이야
말로 우리를 자유롭게 만든다. 완벽이 아닌 인간다움을 인정할
때 비로소 우리는 불안이라는 그림자를 지나 자기다운 삶을 시
작할 수 있다.

불안해도 괜찮습니다

Day 14

용기의 심리학: 불안은 선택의 문제다

불안은 피할 수 없는 감정이 아니다

대부분의 사람들은 불안을 단순한 처지의 문제로 여긴다. '나는 원래 불안한 성격이야' 또는 '이 상황이 나를 불안하게 만들어' 라는 말을 자주 한다. 그러나 아들러는 이러한 관점에 반기를 들었다. 그는 불안을 불가피한 무언가가 아닌 개인의 선택이라고 말했다. 다시 말해 불안은 불가피하게 주어지는 감정이 아니라 삶의 목표와 맥락에 따라 '선택되는 것'이라는 얘기다.

　이러한 관점은 그의 심리학의 핵심 개념 중 하나인 '목적론'에서 출발한다. 아들러의 목적론적 심리학은 인간의 행동과 감정을 과거의 원인보다 현재의 목적에서 설명한다. 사람은 과거에 의해 끌려다니는 존재가 아니라 삶에서 설정한 어떤 '목표'를 향해 나아가며 그 과정에서 감정과 행동을 선택하는 존재라는 것이다.

예를 들어 누군가가 사람들 앞에서 지나치게 긴장한다면 그것은 단순히 과거의 트라우마 때문이 아니라 '실수하지 않아야 인정받을 수 있다'는 지금의 목적 또는 믿음에서 비롯된 심리적 반응일 수 있다.

아들러는 감정을 삶의 도구로 보았다. 즉, 감정은 자동적으로 생겨나는 반응이라기보다 '무엇인가를 피하거나 얻기 위한 수단'으로 작동할 수 있다는 것이다. 우리가 특정 상황에서 불안을 느낀다면 그것은 흔히 생각하듯 단순히 위협을 감지했기 때문이 아니라 그 상황에서 '나 자신을 보호하고 싶은 목적'이 투영된 결과일 수 있다.

이러한 관점을 받아들이면 불안은 더 이상 '통제할 수 없는 감정'이 아니다. 나의 해석과 목적이 그 감정을 만들어낸다는 점에서 우리는 불안의 주인이 될 수 있다. 중요한 것은 내가 지금 이 감정을 통해 무엇을 피하고 무엇을 지키고자 하는지를 진지하게 들여다보는 것이다.

아들러의 목적론적 관점에 따르면 감정을 변화시키기 위해서는 그 감정이 향하고 있는 목적부터 성찰해야 한다. 우리가 특정 감정을 반복해서 느끼는 이유는 의식적이든 무의식적이든 그 감정을 통해 어떤 방향으로 삶을 조율하고 있기 때문이다.

그렇다면 삶의 목적을 어떻게 조정할 수 있을까? 아들러는 '생활양식'이라는 개념을 통해 이를 설명한다. 생활양식이란 어린 시절 형성된 신념 체계와 목표 지향적 행동 패턴의 총합이다. 이 생활양식은 대부분 자동적으로 반복되기 때문에 우리는 종종 그것이 '내 성격'이라 착각하지만 사실은 바꿀 수 있는 해석과 선택의 결과다.

아들러는 말한다.

> "삶의 방식은 우리가 결정한다.
> 그리고 그것은 다시 선택할 수 있다."

따라서 불편한 감정이 반복된다면 '나는 이 감정을 통해 무엇을 지키려고 하는가?', '이 감정은 어떤 목적을 향해 나를 밀고 있는가?'라는 질문을 던져야 한다. 예를 들어 불안이 반복된다면 그것은 실패를 피하고 싶은 욕망이거나 인정받고 싶은 마음이 강하게 작용하고 있다는 신호일 수 있다. 그리고 그 목적이 나를 지치게 하거나 위축되게 만든다면 이제는 다른 방향을 설정할 시점이다.

불안을 선택하는 이유: 익숙한 불편함은 편안하다

여기서 중요한 질문이 생긴다.

'누가 불안을 일부러 선택하겠는가?'

의외로 많은 사람들이 불안이라는 감정을 무의식적으로 선택하고 있다. 이는 마치 불안이 더 안전하다고 느끼기 때문이다. 우리는 때때로 불안을 스스로 선택한다. 의식적으로는 아니지만 내면 깊은 곳에서 '불안하면 덜 위험할 거야', '불안해하면 실수를 줄일 수 있어'라는 식의 믿음이 작동한다. 불안은 마치 예방 주사처럼 느껴진다. 미리 걱정하면 덜 아플 거라고, 미리 대비하면 덜 망신당할 거라고 생각하는 것이다.

아들러는 이런 감정적 선택이 과거의 생존 전략에서 비롯된다고 본다. 어린 시절 우리는 환경에 적응하기 위해 감정을 전략적으로 사용했다. 부모의 기대가 높았던 아이는 실수를 줄이기 위해 늘 긴장했고 부정적인 감정 표현이 금지되었던 환경에 놓인 아이는 불안을 억누르기보다 내면화하는 방식으로 자신을 지켜냈다. 그 결과 불안은 곧 '생존의 감정'이 되었다.

문제는 이러한 감정이 현재에도 계속 작동하면서 더 이상 필요 없는 상황에서도 불안을 유지하게 만든다는 점이다. 우리는 이미 어른이 되었고 더 이상 모든 일에 완벽해야 사랑받는 것도, 실수 한 번에 인생이 끝나는 것도 아니다. 하지만 과거의 감정 습관은 여전히 자동반사처럼 현재를 지배한다.

특히 불안은 통제감을 주는 착각을 만든다. '불안해하면 대비할 수 있어', '지금부터 걱정하면 나중에 덜 다칠 거야'라는 식이다. 그러나 이로 인해 발생하는 것은 오히려 과도한 스트레스와 자기검열, 기회 회피다. 결국 우리는 불안을 통해 나를 지키려 했지만 그 감정이 오히려 현재의 나를 갉아먹는 아이러니에 빠지게 된다.

이러한 무의식적 감정 선택을 인식하는 것이 변화의 시작이다.

'나는 왜 이 감정을 반복하고 있을까?', '이 감정이 지금 나를 진짜 보호해주는가?'라는 질문을 던져보자. 그 질문 속에서 우리는 처음으로 감정에 끌려다니는 존재가 아니라 감정을 선택하는 존재로 전환될 수 있다. 불안은 더 이상 내 마음속 경보기가 아니라 나를 이해하기 위한 신호가 된다.

불안 대신 용기를 선택하는 법

아들러가 강조한 것은 '용기의 심리학'이다. 그는 불안을 없애려 하지 말고 그 대신 용기를 선택해야 한다고 주장했다. 중요한 것은 불안이 사라지기를 기다리는 것이 아니라 불안을 느끼면서도 앞으로 나아가는 용기다.

불안은 누구에게나 찾아온다. 시험을 앞둔 학생, 새로운 일에 도전하는 직장인, 인간관계에서 상처받고 움츠러든 사람까지. 우리는 살아가면서 수많은 불안을 경험한다. 아들러는 말한다. "불안을 없애려 하지 말고 그 속에서도 앞으로 나아가라." 용기란 불안이 없는 상태가 아니라 불안을 품은 채로도 앞으로 나아가는 태도다.

불안은 우리가 선택한 감정이 아니다. 하지만 용기는 선택할 수 있다. 그리고 그 선택은 언제나 우리 손에 달려 있다. 용기는 특별한 사람만이 가질 수 있는 고귀한 자질이 아니다. 하루를 버티는 것, 불확실한 상황에서 작은 한 걸음을 내딛는 것, 서툴지만 자신의 생각을 말해보는 것, 모두가 용기의 실천이다.

넬슨 만델라Nelson Mandela는 말했다.

> "나는 용기가 두려움이 없는 것이 아니라
> 두려움을 이겨내는 것임을 배웠다.
> 용감한 사람은 두려움을 느끼지 않는 사람이 아니라
> 그 두려움 속에서도 앞으로 나아가는 사람이다."

이 말처럼 용기란 두려움의 반대말이 아니라 무려움 속에서도 멈추지 않는 의지다.

용기를 선택하기 위한 첫걸음은 '작은 행동'이다. 불안을 없애야 뭔가를 시작할 수 있다는 생각에서 벗어나야 한다. 지금 당장 완벽해지려고 애쓰지 않아도 된다. 그 대신 오늘 하루 10분만 집중해보겠다고 마음먹고 실천한다면 그 자체가 이미 용기의 표현이다. 작은 성공은 자기 자신에 대한 믿음을 쌓는 밑거름이 된다.

두 번째는 '실패를 허용하는 시선'을 갖는 것이다. 우리는 실패를 두려워하지만 실패 없는 도전은 없다. 실패를 부끄러워하지 말고 그것을 통해 무엇을 배웠는지를 돌아보는 것이 중요하다. '이번에도 안 되면 어쩌지?' 대신 '이번에는 어떤 걸 배울 수 있을까?'라고 묻는 것이 더 건강하다.

마지막으로 혼자 이겨내려 하지 말아야 한다. 용기는 관계 안에서 더 단단해진다. 나를 이해해주는 사람, 진심으로 응원해주는 사람들과 함께할 때 불안은 덜 무겁고 용기는 더 강해진다. 불안을 줄이려 애쓰기보다는 '그 불안과 함께 살아가도 나는 괜찮다'는 확신을 키워가야 한다.

우리는 불안을 선택하지 않았지만 용기를 선택할 수는 있다. 그 선택을 통해 우리는 조금씩 더 단단한 사람이 되어간다. 그리고 그 용기들이 쌓여 결국 우리의 삶을 바꾸어간다.

Day 15

나를 힘들게 하는
비교의 프레임 깨기

비교는 불안을 키우는 감정의 렌즈다

영화 「다우트Doubt, 2008」는 성당을 배경으로 신념과 의심이 부딪히는 모습을 섬세하게 그린다. 따뜻하고 인간적인 설교로 신도들의 신뢰를 얻는 플린 신부는 학생들과도 가깝게 지내며 친근한 지도자로 보인다. 그러나 교장 수녀 알로이시우스는 플린 신부가 한 학생에게 보이는 사소한 친절과 태도에서 불편함을 느끼고 명확한 증거 없이 그를 아동 성추행 혐의가 있는 인물로 의심하기 시작한다. 작은 의심은 교사 간의 대화와 추측을 거치며 점차 확신으로 굳어지고, 마침내 플린 신부는 어떤 반박도 받아들여지지 않는 상황에 몰린다. 영화는 '우리가 무엇을 믿느냐'라는 질문이 때로는 진실을 찾는 길이 아니라 누군가를 파괴하는 무기가 될 수 있음을 보여준다. 의심과 신념이 한쪽으로 기울 때 사실은 중요하지 않게 되고 한 사람의 명예와 삶은 돌이킬 수 없이 훼손된다.

우리는 이 영화 속 '의심'이라는 프레임을 '비교'라는 감정의 렌즈로 바꿔볼 수 있다. '나만 왜 이렇게 부족해 보일까?'와 같은 비교의 질문들은 많은 사람들이 하루에도 수없이 스스로에게 던지는 의심의 말들이다. 우리는 종종 타인과의 비교를 통해 자신의 가치를 확인하고 현재 위치를 평가하려 한다. 그러나 이 '비교의 프레임'은 마치 「다우트」 속 의심처럼 명확한 근거 없이 자기 자신을 몰아세우고 죄인처럼 느끼게 만든다.

처음에는 단순한 기준점이었을지 모른다. 하지만 시간이 지날수록 비교는 스스로에게 '기대에 미치지 못한 나'라는 낙인을 찍고 자기 혐오와 불안을 키운다. 타인의 성취를 바라보며 동기부여를 얻기보다 도달하지 못한 기준에 좌절하고 주저앉게 된다.

「다우트」에서 수녀는 진실이 아니라 '느낌'으로 의심을 확신했다. 비교도 마찬가지다. 그것은 타인의 실체가 아니라 스스로 만든 감정의 그림자일 뿐이다. 그러니 기억하자. 의심이 진실을 가릴 수 있듯, 비교는 나의 가치를 흐리는 렌즈가 될 수 있다. 우리가 내려야 할 판단은 남과의 차이가 아니라 오늘의 나와 어제의 나 사이의 거리이다.

비교의 문제는 단순히 타인을 바라보는 것에서 끝나지 않는다. 비교를 통해 우리는 자신을 평가하는 기준을 외부로 옮긴다. '나는 잘하고 있을까?'라는 질문의 답이 더 이상 내 안에 있는 것이 아니라 타인의 성취와 평가에 의존하게 되는 것이다. 이런 외부 지향적인 평가 기준은 끊임없는 불안과 열등감을 만들어낸다.

더 나아가 우리는 타인 또한 내가 정한 기준과 프레임 안에 가두고 평가하곤 한다.

'저 사람은 나보다 앞서 나가 있어.'

이처럼 나의 기준을 중심에 두고 타인을 바라볼 때 우리는 상대를 온전히 이해하거나 공감하기보다 판단하고 구분 짓는다. 이러한 비교는 타인을 나와 '다른 사람'으로 단절시키고 결국에는 관계의 문을 닫게 만든다.

비교는 나를 고립시키는 감정이다. 상대를 부러워하고 때론 질투하며 스스로를 자책하다 보면 진심 어린 관계는 점점 사라지고 마음은 점점 외로워진다. 타인을 있는 그대로 받아들이기보다 나의 잣대와 기대에 맞춰 재단할 때 우리는 서로를 멀리하게 된다.

결국 비교는 나 자신뿐 아니라 타인과의 관계를 왜곡하고 단절시키는 심리적 벽이 된다. 나의 가치를 지키기 위해 시작한 비교가 어느새 나를 더 외롭고 위축된 사람으로 만들어가는 것이다. 그러니 프레임을 바꾸자. 비교 대신 관찰을, 판단 대신 이해를 택할 때 우리는 비로소 서로를 향해 열린 마음으로 다가갈 수 있다.

비교의 덫에 빠지는 이유: 허영심과 공명심

우리는 왜 이렇게 쉽게 타인과 자신을 비교할까? 단순히 나약해서도, 의지가 부족해서도 아니다. 비교는 인간의 심리에 깊이 뿌리내린 매우 강력한 메커니즘이다. 그리고 아들러는 이 비교의 이면에 '허영심'과 '공명심'이라는 인간의 공격적 성향이 작동한다고 보았다.

아들러가 말하는 허영심은 단순히 자기를 과시하는 성향을 넘어 '실제 자신보다 더 훌륭한 사람처럼 보이고자 하는 욕망'

을 의미한다. 이 욕망은 열등감에서 비롯되며 자신이 내면적으로 느끼는 부족함을 외적인 '우월함의 이미지'로 보완하려는 심리이다. 허영심을 가진 사람은 자신의 약점을 드러내는 것에 큰 두려움을 느끼고 실패나 실수로 인해 자신의 이미지가 훼손되는 것을 매우 불안해한다. 그래서 끊임없이 스스로를 치장하거나 자신보다 낮다고 판단되는 사람과 어울리면서 우월감을 느끼려 하기도 한다.

아들러는 허영심이 강한 사람일수록 인간관계가 '수직적 구조'로 굳어진다고 봤다. 상대보다 더 높이 서야 안심할 수 있는 상태는 곧 타인을 동료가 아닌 경쟁자로 인식하게 만들며 그로 인해 협력과 공감능력이 약화된다. 결과적으로 허영심이 인간관계를 공격적이고 방어적인 형태로 고립시키는 것이다.

공명심은 단순히 '칭찬을 받고 싶다'는 욕망을 넘어서 존재의 가치를 타인의 인정에 의존하는 심리이다. 아들러는 공명심을 가진 사람은 타인의 평가에 지나치게 예민해지고 자신의 행동 기준을 외부의 반응에 맞춰 설정하게 되는 경향이 있다고 지적했다.

특히 공명심이 강한 사람은 실패를 '인정받지 못한 증거'로 해석하는 경향이 있으며 그로 인해 실패에 대한 과도한 공포를 경험하게 된다. 이는 불안이라는 감정과 밀접하게 연결되어 '불안 회피'를 위한 과도한 노력, 자기 자신에 대한 끊임없는 검열로 이어지기도 한다.

결과적으로 공명심은 타인과의 관계 속에서 끊임없이 위계를 따지게 만들고 자칫하면 타인의 시선을 만족시키는 데 급급한 '타율적 삶'을 살게 만든다. 아들러는 공명심에서 벗어나기 위해서는 "진정한 가치는 타인의 인정이 아니라 공동체 속에서의 기여와 협력에서 나온다"라는 관점을 회복해야 한다고 강조했다.

비교가 인간의 본능적인 경향인 것은 사실이다. 그러나 이를 인식하고 조절하는 것이 중요하다. 자신의 성과와 행복을 타인과의 비교가 아닌 개인적인 기준과 가치에 따라 평가하는 연습이 필요하다. 이를 통해 비교로 인한 부정적인 감정을 줄이고 보다 건강한 자아개념을 형성할 수 있다.

비교의 프레임을 깨는 방법

비교의 덫에서 벗어나기 위해서는 '어떻게 볼 것인가'에 대한 프레임 자체를 재설정해야 한다. 아들러는 인생의 많은 고통이 '틀린 해석'에서 비롯된다고 보았다. 그가 강조한 것은 타인과의 경쟁이 아니라 자신의 삶에 대한 '개인적 성장의 관점'이었다. 그렇다면 잘못된 비교의 프레임을 어떻게 깨고 나올 수 있을까?

먼저 비교의 프레임을 자각하는 연습이 필요하다. SNS를 보다 마음이 무거워졌다면 '나는 지금 무엇과 나를 비교하고 있지?'라고 물어보자. 대부분의 경우 그 비교는 사실이 아니라 단편적인 이미지나 이야기에서 비롯된 착각일 수 있다. 스스로에게 '저 사람의 모습은 그의 일부일 뿐 전부는 아니다'라고 말해주는 것만으로도 비교에서 한 발짝 떨어질 수 있다.

두 번째로 나만의 기준을 만드는 것이 중요하다. 타인의 성공 공식을 무비판적으로 따라가기보다 '내가 중요하게 여기는 가치는 무엇인가?'를 자주 떠올려 보자. 이 질문은 비교가 아닌 자기 삶의 방향을 잡는 나침반이 된다. 일기를 쓰며 자신의 목표와 기준을 기록하는 것도 좋은 방법이다.

마지막으로 '성장 일기'를 써보는 것을 추천한다. 남들과의 차이를 적는 대신 이제의 나와 오늘의 나를 비교해보자. '비교하지 않고 나를 인정했던 장면은?'과 같은 질문들을 반복하면 비교의 습관은 점차 나만의 성장 기록으로 바뀌어갈 수 있을 것이다.

이 책을 읽는 지금 이 순간이 비교의 프레임을 벗어나기 위한 출발점이 되길 바란다. 타인의 잣대가 아니라 나만의 기준으로 나를 바라보는 그 첫걸음이 삶을 더 단단하게 만들 것이다.

Day 16

불안한 나도 괜찮아,
아들러가 그렇게 말했다

불안은 나를 괴롭히는 적이 아니다

장 폴 사르트르Jean-Paul Sartre의 『구토』에서 주인공 로캉탱은 어느
날 공원 벤치에 앉아 나무뿌리를 바라보다가 갑작스러운 감정에
휩싸인다. 그는 말한다. "나는 구토를 느낀다." 존재 자체에 대
한 의문이 밀려오는 순간 그를 덮친 것은 무언가 잘못되고 있다
는 막연한 감정, 바로 불안이었다. 사르트르는 이를 "존재가 나
에게 말을 걸어오는 공허한 순간"이라고 묘사했다. 이처럼 불안
은 단순한 긴장을 넘어, 인간 존재의 근원을 흔드는 힘이 있다.

그래서 '불안은 나를 괴롭히는 적이 아니다'라는 말이 낯설게 들릴 수도 있다. 불안은 우리를 초조하게 만들고 잠을 빼앗으며 어떤 일도 시작하지 못하게 만든다. 그래서 많은 사람들은 불안을 '내 삶을 방해하는 적'으로 여기고 어떻게든 제거해야 할 대상으로 삼는다.

그러나 기업의 위기 대응 전략처럼 우리 삶에도 '레드팀'이 필요하다. 레드팀은 조직 내부의 허점을 찾아내기 위해 존재하는 내부의 비판자다. 불안은 나의 감정적 레드팀일 수 있다. 실패할 가능성을 미리 점검하게 하고 준비하게 만든다. 감정의 불청객이 아닌 감정의 전략가로 불안을 바라볼 수 있다면 그것은 더이상 적이 아닌 동료가 될 수 있다.

불안을 우리의 내면에 있는 레드팀이라고 생각해보자. 불안은 우리의 계획과 선택에 끊임없이 질문을 던지고 보이지 않는 위험을 경고하며 더 나은 방향을 모색하게 만든다. 불안이 생길 때 '왜 자꾸 이 생각이 드는 거지?'라고 회피하거나 억누르기보다 '지금 내 안의 어떤 부분이 나를 보호하려 하고 있구나'라고 바라보자.

이러한 시선의 전환은 단순히 감정을 참는 게 아니라 감정과 협력하는 태도다. 우리는 불안을 없애려 애쓰는 대신 그것을 삶의 시스템을 점검해주는 감정적 레드팀으로 삼을 수 있다.

이런 관점은 우리에게 불안을 통제할 수 있는 힘을 되돌려준다. 감정에 휘둘리지 않고 감정을 통해 삶을 조율하게 해주는 태도. 바로 그곳에서 우리는 진짜 성장과 자유를 경험할 수 있다. 때로 가장 믿음직한 조언자는 가장 듣기 싫은 말을 하는 감정일지도 모른다.

불안을 있는 그대로 받아들이는 용기

아들러는 인간의 감정을 '분리적 감정'과 '결합적 감정'으로 나누었다. 그중 불안은 '분리적 감정'에 속한다. 이는 타인과의 연결을 약화시키고 나를 고립시키는 방향으로 작동하는 감정이다. 예를 들어 실패에 대한 두려움 때문에 사람들과 거리를 두거나 불안한 감정을 감추기 위해 방어적으로 행동하는 것 등이 여기에 해당한다.

조금 더 들여다보면 불안은 단순히 불편한 감정이 아니다. 아들러는 감정을 '단순히 느껴지는 것'이 아니라 '삶의 목적을 따라 선택되는 것'으로 보았다. 다시 말해 불안은 나를 위협하는 외부 상황 때문에 발생하는 것이 아니라 그 상황을 해석하고 반응하는 방식에 따라 달라지는 것이다.

불안은 나를 보호하려는 마음에서 비롯된 일종의 방어기제다. 우리는 중요한 일을 앞두고 혹은 낯선 사람과 대화를 시작하기 전에 '혹시 실패하면 어떡하지', '비난받으면 어쩌지' 하는 생각과 함께 불안을 느낀다. 이때 불안은 위험에 대비하고 실수를 피하려는 나름의 전략처럼 보이지만 실은 타인과의 연결을 끊어버리며 우리를 더욱 고립시킨다.

아들러는 이런 불안을 극복하기 위해 감정을 억제하거나 없애려 하기보다 그 감정의 기능과 목적을 분명히 들여다보라고 제안한다. 지금 이 감정은 '무엇을 피하려는가', '어떤 관계에서 나를 지키려는가', '왜 이 타이밍에 불안을 선택했는가'라고 질문해보는 것이다.

우리가 불안을 부정하지 않고 그것이 나의 일부임을 받아들이는 순간 불안은 더 이상 나를 지배하지 못한다. 불안을 억누르려 할수록 그 감정은 더 커지지만 그것을 인정하고 이해하려는 순간 오히려 불안은 힘을 잃는다. 그리고 바로 그때 우리는 '불안'이라는 감정을 통해 자신을 고립시키는 대신 조금 더 유연하게 타인과 연결될 수 있는 길을 찾기 시작한다.

아들러가 말한 '삶의 방향'은 그렇게 감정의 본질을 이해하고 전환하는 데서부터 시작된다. 삶에서 우리가 통제할 수 있는 것은 많지 않다. 그러나 감정에 대한 태도는 선택할 수 있다. 불안, 실망, 두려움 같은 감정들이 올라올 때 그것을 억누르려 애쓰기보다 '지금 이 감정은 나에게 무엇을 말하고 있을까?'라고 묻는 순간 우리는 감정에 휘둘리는 존재가 아니라 감정과 함께 걸어가는 사람이 된다.

불안과 함께 살아가는 법

'삶의 태도를 바꾼다'는 말이 쉽게 들릴 수 있다. 하지만 실제로 우리가 가진 사고방식, 감정의 습관, 세상을 해석하는 렌즈를 바꾸는 일은 결코 쉽지 않다. 우리는 오랜 시간 반복된 감정 반응과 사고의 패턴에 익숙해져 있다. '나는 원래 불안이 많은 사람이야', '나는 항상 남의 눈치를 봐'라는 식의 자기 인식은 곧 '태도의 고착'을 의미한다. 아들러가 말하는 전환은 단순히 마인드를 바꾸라는 것이 아니라 내면에 깔린 믿음 체계를 의심해 보라는 제안이다.

태도 전환은 대개 급진적이지 않다. 오히려 아주 작은 인식의 틈에서 시작된다. 예를 들어 '나는 완벽해야만 인정받을 수 있어'라는 믿음이 올라올 때 그것을 그대로 따르기보다 '그건 정말 사실일까?'라는 질문을 던지는 것이다. 이처럼 한 번의 인식 유보, 한 번의 멈춤이 기존 태도에 균열을 만든다. 그 균열이 반복되면 어느 순간 우리는 더 유연한 방식으로 세상을 해석할 수 있게 된다.

태도는 단지 어떤 성격이나 성향이 아니라 내가 삶을 대하는 방식이다. 불안한 상황 앞에서 움츠러드는 것인지, 한 번 더 호흡하고 나아가는 것인지는 태도의 차이다. 아들러는 말한다. 감정은 목적에 따른 선택이며 태도는 그 감정을 반복할 것인가 말 것인가를 결정하는 힘이라고 말이다.

삶을 바꾸고 싶다면 우선 나의 태도를 돌아봐야 한다. 나는 불안에 대해 어떤 자세를 갖고 있는가? 비교에 대해, 실패에 대해 어떤 관점을 갖고 있는가? 이 모든 것이 결국 '나의 해석'에서 시작된다.

그렇다면 우리는 언제든 다시 선택할 수 있다. 조금씩이라도 나의 해석을 바꿔보자. 그것이 아들러가 말한 '불안과의 공존'을 향한 첫걸음이다.

Adlerian Psychology

3부

비교하지 않는 용기,
나를 위한 첫걸음

Day 17

나만의 기준이 있나요?
비교를 멈추는 법

기준이 외부에 있을 때, 불안은 자라난다

'나는 잘 살고 있는 걸까?'

이 질문은 우리 머릿속에서 떠나지 않는다. 정해진 답이 있는 것도 아니고 누구에게 물어볼 수도 없는 질문. 그런데 우리는 이 질문의 답을 자꾸 '남들'을 통해 찾으려 한다. 친구의 높은 연봉, 동창의 결혼 소식, SNS에 올라오는 누군가의 여행 사진과 자격증 합격 인증샷. 그 모든 것 앞에서 나는 문득 불안해진다. 나도 열심히 살아왔는데 왜 나는 이렇게 뒤처진 것 같을까?

실상은 어떤지 살펴보자. 통계청이 발표한 자료에 따르면 2023년 기준 대한민국 임금근로자의 중위소득은 월 약 278만 원이며, 가구 기준 중위소득은 4인 가구의 경우 월 약 540만 원, 1인 가구는 월 약 207만 원 수준이다. 그런데 우리는 종종 SNS에서 보이는 일부 고소득자의 생활을 '평균적인 삶'으로 받아들이고 비교한다. 이런 왜곡된 비교는 심리학에서 말하는 평균 과잉average inflation 현상으로 실제 통계적 현실보다 더 높게 체감하는 기준을 형성한다.

불안은 이렇게 시작된다. 비교라는 감정의 문을 열고 타인의 삶을 기준 삼아 '나는 괜찮은가?'라는 자문을 던지기 시작할 때 불안은 우리의 마음에 자리를 잡는다. 그리고 우리는 자신도 모르게 남의 삶을 살고 남의 기준으로 평가받으며 결국에는 자기 삶의 중심을 잃어버린다.

'타인의 인생은 그 사람의 과제일 뿐이다'라는 말은 단순히 '남의 일에 신경 쓰지 말자'는 의미가 아니다. 오히려 '남의 삶에 나를 대입하지 말자'는 보다 근본적인 태도의 전환을 요구한다. 우리는 타인의 평가와 기대, 성취와 속도에 휘둘리며 나의 삶의 기준을 외부로 넘겨주었다. 그러고는 왜 불안한지를 몰라서 또다시 남들을 바라본다.

불안은 과거의 해석에서 비롯된다

이 지점에서 아들러는 하나의 중요한 통찰을 던진다.

"최초의 오류를 발견하라."

아들러는 인간이 불안과 열등감, 왜곡된 자기 인식에 빠지는 이유를 '초기 결정' 혹은 '최초의 오류'에서 찾았다. 이는 어린 시절 형성된 잘못된 신념이나 삶의 태도를 가리킨다. 예컨대 '사람들에게 인정받아야 가치 있다', '남들보다 뛰어나야 사랑받을 수 있다'는 식의 믿음이다. 이런 믿음은 스스로 선택한 것이라기보다 성장 과정 속에서 무의식적으로 받아들인 해석일 확률이 높다.

문제는 이 최초의 오류가 삶 전체를 지배하게 된다는 데 있다. 우리는 자신도 모르게 '나는 뒤처지고 있어', '남들만큼 못하면 실패야', '모두가 나를 평가할 거야' 같은 믿음을 반복하며 그 믿음에 맞춰 삶의 기준을 설정한다. 그리고 그 기준은 대부분 '타인'이다. 비교는 바로 이 오류에서 출발한다. 실제보다 과장된 평균을 기준 삼고 그에 미치지 못하는 자신을 불안해한다. SNS에서 마주한 누군가의 성공이 나를 불안하게 만드는 건 그 자체 때문이 아니라 내가 거기에 '나는 그만 못하다'는 해석을 덧붙이기 때문이다. 그리고 그 해석은 이미 오래전에 내 안에 자리 잡은 최초의 오류에서 비롯된 것이다.

이 오류를 바꾸지 않는 한, 기준은 계속 외부에 머무를 수밖에 없다. 그렇기에 아들러는 '인간은 자신의 삶을 선택할 수 있는 존재'라고 말하며 그 선택의 출발점이 바로 '스스로의 해석 방식'을 바꾸는 데 있다고 강조했다. 우리는 언제든 '남과 비교하지 않기로', '내 기준대로 살기로' 결정할 수 있다.

결국 불안에서 벗어난다는 것은 더 이상 타인의 인생에 나를 대입하지 않겠다는 태도를 갖추는 것이며 그 시작은 나의 오래된 믿음, '최초의 오류'를 인식하고 수정하는 데서 비롯된다. 이제는 질문을 바꿔야 한다. '나는 왜 이렇게 불안한가?'가 아니라 '나는 왜 이 기준을 선택하고 있는가?'를 스스로에게 물어야 한다. 이 질문에 답할 수 있다면 우리는 삶의 중심을 되찾을 수 있다.

왜 우리는 잘못된 기준을 따라 살게 되었는가?

최초의 오류를 발견하고 나면 우리는 곧 깨닫게 된다.

> '이런 삶의 태도는 도대체 어디서부터 시작된 걸까?'

아들러는 인간의 현재 행동과 감정은 우연이나 타고난 본성의 결과가 아니라고 본다. 그는 분명히 말했다. "지금의 나는 과거의 내가 만든 삶의 결론 위에 서있다." 즉, 우리는 자신도 모르게 과거 경험에 대해 하나의 '결론'을 내리고 그 결론을 토대로 삶의 방식을 만들어왔다. 문제는 이 결론이 어린 시절의 제한된 시야에서 나온 왜곡된 해석일 가능성이 높다는 것이다.

1 어린 시절, 해석 능력이 미성숙한 상태에서

아들러는 인간이 성장하는 과정에서 일찌감치 삶에 대한 '주관적 해석'을 내리게 된다고 보았다. 이 해석은 종종 현실을 정확히 반영하지 않는다. 예를 들어 부모가 바빠서 자주 놀아주지 못했을 때 어린아이는 '부모는 나를 사랑하지 않는다'고 결론짓는다.

형제와 비교당할 때 '나는 형보다 못하니 인정받을 수 없다'고 해석한다. 이렇게 형성된 신념은 일종의 '삶의 지도'가 되어 어른이 된 이후에도 그대로 사용된다. 비교를 통해 가치를 판단하고 불안 속에서 계속 인정받기 위한 삶을 반복하게 되는 것이다.

❷ 가정환경과 양육 태도의 영향

아들러는 가정환경, 특히 부모의 양육 태도가 아이의 생활양식을 형성하는 데 결정적인 영향을 미친다고 강조했다. 그중에서도 그는 세 가지 유형의 부적절한 양육 방식이 아이의 심리에 깊은 흔적을 남긴다고 보았다.

첫째, 과잉보호는 아이가 스스로 해보는 기회를 잃게 만든다. 부모가 앞서서 모든 것을 해결해주면 아이는 자신의 능력을 시험해보기도 전에 '나는 혼자서 할 수 없다'는 무력감을 배우게 된다. 이러한 경험은 자율성과 책임감을 기를 기회를 빼앗고 결국 실패나 도전에 대한 두려움으로 이어진다. 이들은 실패를 회피하고 타인의 인정에 의존하려는 생활양식을 갖게 되며, 마음 깊은 곳에 '나는 약하니까 누군가의 도움이 필요하다'는 신념을 품게 된다.

둘째, 지나친 비판과 비교는 아이에게 조건부 사랑의 경험을 내면화하게 만든다. 부모가 끊임없이 '누구는 이만큼 하는데 넌 왜 못하니?', '그 정도로는 부족해'라는 말을 반복할수록 아이는 '있는 그대로의 나로는 사랑받을 수 없다'는 믿음을 강화해 간다. 이로 인해 아이는 완벽을 추구하여 자신을 계속해서 채찍질하게 되며 결국 '지금의 나는 부족하다', '남들보다 잘해야만 가치 있다'는 왜곡된 기준으로 삶을 판단하게 된다.

셋째, 무관심과 방임은 아이에게 존재 자체에 대한 의문을 품게 만든다. 돌봄을 받지 못하거나 정서적 지지를 경험하지 못한 아이는 '나는 별로 중요하지 않다', '나는 환영받지 못하는 존재'라는 신념을 갖게 되며 세상과 사람에 대한 기본적인 신뢰를 쌓기 어렵게 된다. 이로 인해 타인의 시선을 과도하게 의식하거나 반대로 타인 자체를 무시하고 자기중심적인 태도로 살아가게 되는 등 왜곡된 대인관계를 맺게 된다.

아이는 태어날 때부터 비교하거나 불안해하도록 설계된 존재가 아니다. 다만 잘못된 양육 경험 속에서 삶의 의미와 방향에 대해 왜곡된 결론을 내리게 되고, 그 결론 위에 불안정한 생활양식을 쌓아가게 된다. 결국 이러한 기반 위에서 언제든 불안이 자라고 비교에 흔들리는 삶을 살게 되는 것이다.

3 공동체 감각의 결핍

아들러 심리학의 핵심 개념 중 하나는 '공동체 감각gemeinschaftsgefühl'이다. 그는 인간을 사회적 존재로 보며 타인과의 연결감, 기여감, 소속감을 느낄 때 비로소 심리적 안정과 삶의 의미가 형성된다고 보았다.

하지만 우리가 실제로 자주 겪는 삶의 방식은 아들러가 말한 공동체 감각과는 정반대의 방향으로 흘러간다. 우리는 서로 연결되어 있다는 감각보다는 끊임없는 경쟁 속에서 누군가를 이겨야 살아남을 수 있다는 압박감을 더 자주 느낀다. 그래서 '내가 제일 잘나야 한다'는 강박에 사로잡히고 '남들보다 뒤처지면 안 된다'는 불안에 시달리며 '약하면 무시당할 것'이라는 두려움에 스스로를 끊임없이 무장한다.

이러한 신념은 타인과의 비교를 끊을 수 없게 만들고 결국 나다운 삶을 살아가기보다 증명하고 평가받는 삶에 익숙해지게 만든다. 이런 기준은 공동체 감각이 아닌 경쟁과 증명의 심리에서 비롯된다. 아들리는 이러한 태도를 '신경증적 생활양식'이라고 불렀고 그 뿌리에는 '나는 사랑받을 자격이 없다'는 왜곡된 결론이 자리 잡고 있다고 설명했다.

우리는 태어날 때부터 비교하거나 불안해하도록 설계된 존재가 아니었다. 다만 삶을 살아가며 만나는 왜곡된 경험, 불완전한 양육환경, 미성숙한 해석 속에서 잘못된 삶의 지도를 그려왔던 것이다. 이제 우리가 해야 할 일은 그 지도를 점검하고 새로운 기준으로 삶의 방향을 다시 정하는 것이다. 그리고 그것은 '지금 여기'에서부터 시작할 수 있다.

불안해도 괜찮습니다

Day 18

SNS 피로감,
타인의 삶을 끓어내기

라캉이 말한 '타인의 욕망을 욕망하는 인간'

인간의 욕망을 연구한 정신분석학자 자크 라캉Jacques Lacan은 인간의 욕망이 자율적인 것처럼 보이지만 실상은 그렇지 않다고 보았다. 그는 인간의 욕망이 스스로의 내면에서 비롯되는 것이 아니라 '타인이 욕망하는 대상을 욕망함으로써' 형성된다고 주장했다.

그는 이를 간결하게 요약했다.

"우리는 타인의 욕망을 욕망한다."

이 말은 단순히 우리가 다른 사람을 부러워한다는 뜻이 아니다. 라캉에게 있어 욕망이란 '내가 진정 원하는 것'이라기보다 '타인이 원하는 것을 나도 원하게 되는 구조'였다. 다시 말해 타인이 어떤 대상을 중요하게 여기거나 갈망할 때 우리는 그 대상을 단지 그 자체로가 아니라 '타인이 그것을 욕망한다는 사실' 때문에 욕망하게 되는 것이다.

예를 들어 아이들은 어릴 적 어른의 관심을 끌고 싶을 때 무엇이 '칭찬받을 만한 행동'인지 어른의 반응을 통해 배운다. '이걸 하면 엄마가 기뻐하네?' '이걸 하면 아빠가 실망해.' 그렇게 타인의 시선 속에서 무엇이 바람직한지를 학습하게 된다. 그렇게 시간이 지나면서 아이는 점차 자기 욕망과 타인의 기대를 구분하지 못하게 되고 결국 타인의 욕망을 내 욕망처럼 받아들이는 습관을 갖는다.

이런 구조는 성인이 되어서도 지속된다. 우리는 '좋은 대학', '안정적인 직장', '사회적 명성과 재산' 같은 것들을 마치 내가 스스로 원하는 것처럼 여긴다. 그러나 그 욕망의 이면에는 '부

불안해도 괜찮습니다

모가 기대한 모습', '사회가 가치 있다고 여기는 기준', '친구들이 부러워할 만한 조건'이 자리 잡고 있다. 내가 그걸 원하기 때문에 원하는 것이 아니라 타인이 그걸 원하기 때문에 나도 그것을 원하게 되는 것이다.

결국 라캉이 말한 "타인의 욕망을 욕망한다"는 구조는, 욕망을 통해 타인과의 관계를 유지하려는 우리의 행동양상과 타인의 시선을 자기 정체성의 기준으로 삼는 심리구조를 드러낸다.

이처럼 라캉이 욕망의 기원을 '타인의 시선'에서 찾았다면 아들러는 그로 인해 형성된 '타인의 기대에 맞춰 살아가는 삶'에서 벗어날 수 있는 심리적 선택 가능성에 주목했다. 그는 인간이 과거의 경험이나 타인의 요구에 의해 결정되는 존재가 아니라고 봤다. 오히려 아들러는 인간이 '자기 삶의 의미를 스스로 구성하는 존재'라고 보았고 그 핵심은 타인의 기대와 욕망에서 자유로워지는 것에 있다고 밝혔다.

라캉과 아들러는 인간이 욕망과 정체성을 어떻게 구성하는지를 각각 다른 각도에서 설명하지만 공통점은 분명하다. 인간은 타인의 시선 속에서 자신을 규정하려는 경향을 지닌다. 그러나 아들러는 그 경향이 '필연'이 아니며 스스로의 선택을 통해 바뀔 수 있다고 봤다. '나는 나의 삶을 살기로 결정할 수 있다'라는 외침은 타인의 욕망에서 벗어나 '나의 욕망'을 찾아가는 여정의 출발점이 된다.

아들러가 이야기한 '수직관계'와 '수평관계'

수직관계란 말 그대로 '누가 더 위인가?', '누가 더 잘났는가?', '누가 더 인정받고 있는가?'를 기준으로 관계를 맺는 태도다. 이 관계 안에서 인간은 끊임없이 우월해지려 하거나 열등감을 숨기려 한다. 타인보다 나아야 안심이 되고 부족해 보이면 불편하다. 이런 관계 속에서는 '나답게'가 아니라 '좋게 보이는 나'를 연출하게 된다. 자기 자신을 끊임없이 조정하고 꾸미며, 있는 그대로의 자신을 부정하게 된다.

아들러는 수직관계를 기반으로 한 삶에서는 진정한 관계도, 내면의 평화도 얻기 어렵다고 말했다. 그 관계는 평가와 비교로 이루어져 있으며 그 안에서는 '나'라는 존재가 조건부로만 존재하게 된다.

반면 수평관계는 누가 더 낫고 누가 더 모자란지를 따지지 않는다. 아들러가 말하는 수평적 관계의 핵심은 '대등함'이다. 성별, 나이, 직업, 학벌, 재산이 달라도 인간은 누구나 동등하게 존중받아야 하며 서로의 삶은 비교의 대상이 아니라는 관점이다.

수평관계에서는 '나는 너보다 나아'도, '나는 너만큼 못해'도 필요 없다. 대신 '나는 나대로 괜찮고 너는 너대로 괜찮다'는 인식이 관계의 출발점이 된다. 이러한 유형의 관계 안에서는 '잘 보이기' 위해 애쓰지 않아도 된다. 비교당할 이유도 없고 증명할 필요도 없다. 때문에 있는 그대로의 나를 드러낼 수 있는 심리적 안전감이 생긴다.

여기서 '대등함'은 능력의 동일함이나 결과의 평등을 의미하는 것이 아니라 존재의 가치에 있어 차별이 없어야 한다는 의미다. 아들러는 "인간은 누구나 같은 인간으로서의 존엄성을 지닌다"는 관점에서 출발했다. 즉, 어떤 사람은 공부를 잘하고 어떤 사람은 말을 잘하고 또 어떤 사람은 손재주가 뛰어날 수 있지만 그렇다고 해서 그들의 인간적 가치를 높게 평가해서는 안 된다는 것이다. 수평관계는 바로 이 인식에서 줄발한다. '누가 더 우월한가'를 따지는 것이 아니라 '각자 다른 역할과 개성을 가진 하나의 동등한 인간'으로 서로를 인정하는 태도다.

수평관계는 평가가 아니라 공헌을 중심으로 작동한다. 아들러는 "인간의 궁극적인 목적은 공동체 속에서 유익한 존재가 되는 것"이라 했는데, 수평관계는 이러한 공동체 감각을 전제로 한다. 여기서 핵심은 '누구에게 이득을 주었는가'가 아니라 '나는 어떤 방식으로 세상에 연결되어 있는가'다. 수평관계는 타인을 경쟁 상대로 삼지 않고 함께 살아가는 사람으로 인식하기 때문에 서로를 조력자, 협력자, 동료로 바라보게 만든다.

수평관계를 맺기 위해서는 먼저 자기 자신을 있는 그대로 받아들이는 태도가 필요하다. 아들러는 인간이 타인을 얕보거나 과도하게 우러러보는 이유가 자기 안의 열등감 때문이라고 보았다. 내가 나를 인정하지 못할 때 타인을 통해 스스로를 증명하거나 반대로 깎아내리려는 심리가 작동한다.

수평관계는 먼저 이렇게 말한다. '나는 나로서 괜찮다.' 그리고 그 인식을 바탕으로 '그러니 너도 너로서 괜찮다'라고 확장해 나간다. 이 과정이 바로 수평관계를 가능하게 하는 내면적 기반이다.

평범해질 용기 = 타인의 삶에서 벗어나는 힘

우리는 언제부터인가 '특별한 사람'이 되어야 한다는 압박감 속에서 살아가고 있다. 좋은 대학, 인기 있는 직장, 부러움을 살 만한 연애, 누가 봐도 괜찮아 보이는 라이프스타일, 그 모든 것이 마치 당연한 목표처럼 느껴진다. 하지만 이 목표들이 진짜 나의 욕망에서 비롯된 것인지, 아니면 타인의 기대와 시선에서 비롯된 것인지 우리는 잘 모른 채 살아간다.

아들러는 이러한 삶의 구조에 정면으로 문제를 제기한다. 그는 우리가 행복해지기 위해서 꼭 특별할 필요는 없으며 오히려 특별해지려는 강박이 불안과 자기비하의 씨앗이 된다고 말했다. 그리고 거기서 벗어나기 위한 단 하나의 방법으로 '평범해질 용기'를 제안한다.

지금은 종영한 국민 예능 프로그램「무한도전」의 '선택 2014' 편에서 정형돈은 "이 사회의 절대 다수는 평범한 사람들이다. 한 사람의 카리스마, 한 사람이 현란한 말솜씨가 아닌 절대다수가 세상을 바꿀 수 있는 기회를 주시기 바랍니다"라는 인상적인 말을 남겼다. 이 말은 단순한 격려가 아니라 그가 직접 보여준 삶의 방식에서 비롯된 진심어린 통찰이었다.

정형돈은 화려한 외모도, 튀는 끼도 없었지만 '그냥 형돈이'라는 별명처럼 늘 평범한 이미지로 시청자들 곁에 있었다. 하지만 오히려 그 평범함이야말로 시청자에게 진정성 있게 다가갈 수 있는 가장 큰 무기였다.

정형돈은 처음부터 '평범함'을 무기로 삼았던 인물이 아니다. 그는 개그콘서트 시절 큼직한 체구와 억센 사투리, 강한 마초적 캐릭터로 무대 위에서 잊히지 않는 존재가 되려 애썼던, 오히려 비범하려 애쓴 코미디언이었다. 한때는 건방진 뚱보, 우락부락한 진상 캐릭터로 주목을 받았고 개그에서도 일부러 강한 임팩트를 남기기 위해 꾸며낸 억센 에너지로 무대를 채웠다.

하지만 「무한도전」이라는 거대한 예능 속에서 그는 점점 설 자리를 잃었다. 안정적인 진행은 유재석이, 발군의 애드립은 노홍철이. 특이한 캐릭터는 다른 멤버들이 나눠 가진 프로그램 안에서 정형돈은 서서히 자신의 색을 잃어갔다. 그렇게 만들어진 낙인은 '웃기지 못하는 개그맨', '존재감 없는 멤버'였다.

누구보다 무대 위에서 인정받고 싶었지만 그럴수록 더 위축되고 슬럼프에 빠져들었다. 그가 다시 살아나기 시작한 건 역설적이게도, 있는 그대로의 자신 '그냥 형돈이'로 돌아왔을 때였다. 후줄근한 셔츠, 정장 바지, 커다란 은테 안경. 꾸미지 않은, 아니 못 꾸민 듯한 모습은 오히려 강렬했다. 다른 멤버들이 각자의 콘셉트를 위해 스타일링을 할 때 정형돈은 스스로의 평범함을 가감 없이 드러냈고 바로 그 점이 시청자들에게 놀라운 친근감을 안겼다. 평범해서 오히려 특별한 존재가 된 것이다.

이는 아들러가 강조했던 삶의 태도와 정확히 맞닿아있다. 비교와 경쟁에서 벗어나 '나는 나대로 충분히 괜찮다'고 받아들이는 순간 우리는 비로소 진정한 자존감과 관계의 자유를 얻을 수 있다.

아들러가 말한 '평범해질 용기'란, 단지 특출나지 않아도 괜찮다는 자기 위안이 아니다. 그것은 타인의 기준에서 벗어나 자기 삶의 주도권을 회복하는 용기다.

Day 19

완벽하지 않아도
괜찮은 하루

'완벽한 나'라는 허구를 향한 긴장감

불안은 종종 '감정의 적'처럼 여겨진다. 뭔가 잘못되고 있다는
신호, 곧 닥칠 위험을 예고하는 불쾌한 징후. 그래서 우리는 불
안을 없애려 하고 피하려 하며 억누르려 한다. 그러나 아들러
심리학은 이 감정의 속성에 대해 전혀 다른 관점을 제시한다.
아들러는 인간 행동의 원인을 과거가 아니라 '미래의 목적'에서
찾았다. 그리고 그 목적은 대부분 명확하고 의식적인 것이 아니
라 무의식적이며 허구적인 경우가 많다고 지적했다. 이를 허구

적 목적론fictional finalism이라고 한다.

허구적 목적론은 아들러 심리학의 핵심 개념 중 하나로, 인간 행동의 방향과 목적을 설명하는 독특한 관점이다. 아들러는 인간이 단지 과거의 경험에 의해 결정되는 존재가 아니라 미래에 대한 어떤 기대와 목표를 향해 살아가는 존재라고 보았다. 여기서 말하는 '목표'란 반드시 현실적이고 논리적인 것은 아니다. 오히려 대부분은 주관적으로 설정된, 검증되지 않은 이상적인 자아상이거나 미래에 대한 허상에 가깝다.

아들러는 이러한 무의식적인 기대와 신념을 '허구적 목적'이라고 불렀고 인간이 이 허구적인 목표를 실현하기 위해 삶의 방식을 구성한다고 보았다. 여기서 말하는 '허구'란 '거짓되다'는 의미가 아니다. 단지 그것이 객관적으로 입증된 사실이 아니라 개개인이 성장과정에서 형성한 주관적인 믿음이라는 뜻이다.

우리는 어떤 경험을 반복하거나 부모와의 관계에서 특정한 해석을 내리면서 그 해석을 토대로 '내가 지향해야 할 삶의 형태'를 설정한다. 예를 들어 '나는 완벽해야 사랑받을 수 있어'라거나 '사람들에게 인정받지 못하면 나는 무가치해'라는 식의 믿음은 실제로 검증된 진리가 아니라 스스로 만든 허구적 목표다. 그러나 인간은 이 허구를 진실인 것처럼 믿고 그 목표를 향해 끊임없이 자신을 몰아세운다.

문제는 이 목표가 비현실적인 경우가 많다는 데 있다. 이상화된 자아상은 대부분 완벽함이나 절대적인 성공, 모두의 인정 같은 형태로 설정된다. 이런 목표는 달성하기도 어렵고 그 기준에 미치지 못하는 자신을 끊임없이 불안하게 만든다. 불안은 이렇게 형성된다.

'나는 그 목표를 이루지 못하면 무가치해질 것'이라는 신념 아래, 불안은 스스로를 지키기 위한 경고음처럼 작동한다. 즉, 허구적 목적은 불안을 유발하는 동시에 그 불안을 통해 나를 '지켜낸다'고 믿게 만든다. 불안은 단순한 감정이 아니라 내가 세운 허구적 목표를 보호하려는 방어기제인 셈이다.

아들러는 인간이 진정으로 자유로워지기 위해서는 이 허구적 목표를 자각하고 그것이 어디서부터 왔으며 나에게 어떤 영향을 미치고 있는지를 성찰해야 한다고 보았다. 그리고 그 목표가 현재의 삶에 도움이 되지 않는다면 과감히 새로운 방향으로 수정할 수 있어야 한다고 말했다.

불안해도 괜찮습니다

아들러의 생애와 허구적 목적론

1895년 의사 자격을 취득하고 안과의사로 일하던 아들러는 점차 사람의 정신적 삶에 관심을 두었다. 1902년에는 지그문트 프로이트Sigmund Freud가 이끈 빈Wien 정신분석학회에 참여하지만 곧 프로이트의 이론에 반기를 들게 된다. 그는 인간 행동을 '무의식적 성적 충동'뿐만 아니라 '목적지향적, 미래지향적 관점'에서 봐야 한다고 규정했기 때문이다. 그는 1912년에 자신만의 심리학 철학을 주창하고 이론을 정립해 나간다.

허구적 목적론은 이 시기 그의 대표 개념으로 자리 잡았는데, 이는 '어린 시절 경험한 열등감이나 실패를 어떻게 해석할 것인가'가 인간의 삶의 방향을 결정하며 그 해석은 대부분 욕망을 담은 미래 허구의 자아상이라는 내용이었다.

제1차 세계대전 동안 군의관으로 참전한 아들러는 전쟁 속에서 인간이 스스로 설정한 이상완벽. 안전. 슈퍼맨이 얼마나 허구적인가를 목도했다. 전후에는 아동 클리닉과 교육기관 활동을 통해 허구적 목적이 어떻게 어린이들의 행동을 통제하는지를 관찰했고 이 개념을 심리치료와 교육에 적용했다.

1934년에는 나치의 유대인 탄압으로 인해 미국으로 망명했고 그때부터 그는 뉴욕 롱아일랜드 의대 강단에 서서 평범한 사람들도 스스로의 삶을 창조할 수 있다는 자기계발적 메시지를 전파했다. 1937년 스코틀랜드 강연 중 심장마비로 세상을 떠나기 전까지 그는 끊임없이 인간 내면의 허구적 목적을 깨는 실천심리학을 발전시켰다.

아들러가 강조한 '실천심리학'은 단순한 이론 전개나 분석에 그치지 않고 실제 삶에 적용하고 삶을 변화시키는 데 초점을 맞춘 심리학이다. 그는 인간을 '결정된 존재'가 아니라 언제든 자신의 삶을 다시 설계할 수 있는 능동적 존재로 보았다.

아들러에게 심리학은 고통을 해석하고 진단하는 학문이 아니라 삶의 방향을 제시하고 실질적인 변화를 이끌어내는 도구였다. 그는 내담자가 자신의 삶을 단지 '이해'하는 데 머무르지 않고 '지금 여기에서 어떤 선택을 할 것인가'를 스스로 결정할 수 있도록 도왔다.

그래서 아들러 심리학의 핵심은 '해석'이 아니라 '실행'이었다. 불안, 열등감, 왜곡된 신념과 같은 내면의 문제들도 단지 분석의 대상이 아니라 행동의 전환을 통해 변화될 수 있는 것으로 여겨졌다. 실천심리학으로서의 아들러 심리학은 이렇게 삶의 실제 문제와 밀착되어 있다. 그는 '공동체 감각', '생활양식', '허구적 목적', '과제 분리' 같은 이론을 통해 인간이 변화할 수 있

불안해도 괜찮습니다

는 구체적인 심리적 경로를 제시했고 수많은 교육 현장과 상담에서 이를 실천으로 옮겼다.

결국 그의 심리학은 단 한 가지를 향한다.

'지금 여기에서 내가 어떤 삶을 선택할 수 있는가?'

아들러는 이 질문에 답할 수 있는 심리학을 끊임없이 연구하고 전파했다. 그리고 그 실천적 태도는 지금도 '보통 사람의 심리학'으로 살아남아 우리가 일상에서 겪는 불안과 갈등 속에서 방향을 잡도록 돕고 있다.

그의 삶은 자신이 정립한 이론과 맞닿아 있었다. 아들러는 누구보다 지열하게 자신의 허구적 목적을 돌아보았고 그 허구 너머에 있는 의미 중심의 삶을 실천하려 했다. 그는 평범한 사람들에게서 '완벽한 자아'라는 허상을 벗기고 그들에게 불완전한 현실 속에서도 자신만의 의미와 방향을 만들어갈 수 있다는 용기를 심어주고자 했다.

'지금 여기에서' 다시 선택할 수 있다는 믿음

아들러는 인간을 변화 가능한 존재로 보았다. 한번 결정된 과거에 의해 영원히 갇혀 있는 존재가 아니라 지금 이 순간 자신이 무엇을 선택하고 어떤 방향을 향해 나아갈지를 새롭게 결정할 수 있는 존재로 간주했다. 그의 심리학이 '실천심리학'이라 불리는 이유도 여기에 있다. 변화는 거창한 깨달음에서 시작되는 것이 아니라 지금 여기에서의 작은 결단과 실천에서 비롯된다.

'나는 지금까지 '완벽한 나'라는 허구를 지키기 위해
불안을 만들어왔구나.'
'그 허구는 나를 보호하기 위한 나만의 전략이었구나.'

이 사실을 자각하는 것만으로도 우리는 새로운 선택의 문 앞에 설 수 있다. 아들러는 우리에게 그 문을 두드리라고 말한다. 타인의 기준에서 벗어나 열등감을 감추기 위한 방어를 멈추고 허구적인 자아상이 아닌 현실 속의 '지금 여기의 나'를 인정하며 다시 삶을 설계하라고 말이다.

불안은 나를 지키려는 오래된 방식이었지만 이제는 더 이상

불안해도 괜찮습니다

나를 보호해주지 않는다. 그것이 허구에서 출발했다면 이제 우리는 그 허구에서 벗어나 '의미 있는 현실'을 향해 새로운 목적을 설정할 수 있다. 그리고 그 시작은 언제나 '지금 여기'다.

이 짧은 문장은 아들러가 평생 전하고자 했던 모든 메시지를 담고 있다.

'지금 여기에서 당신은 다른 삶을 선택할 수 있다.'

Day 20

인정받지 않아도
충분히 괜찮은 나

아들러가 말한 행복의 세 가지 조건

우리는 종종 타인의 칭찬, 긍정적인 피드백, 외부의 성공 지표를 통해서만 자신의 가치를 확인하려 한다. 하지만 아들러는 그 반대의 방향을 제시한다. 그에 따르면 진짜 행복은 '내가 나로서 괜찮다'는 믿음에서 출발해야 한다.

아들러는 행복을 단순한 감정이 아닌 자기 존재의 의미를 느끼는 상태라고 정의했다. 그리고 이 행복을 이루기 위해 반드시 갖춰야 할 세 가지 조건을 제안했다.

첫째는 자기 수용self acceptance이다. 자기 수용이란 있는 그대로의 자신을 인정하고 받아들이는 자세다. 실수하고 부족한 모습을 부끄러워하거나 감추려 하기보다는 그것이 나라는 존재의 일부임을 인정하는 것이다. 아들러는 자기 수용 없이는 외부의 인정에 대한 갈망이 끊이지 않을 것이라고 경고한다. 즉 '나는 나 자체로도 충분히 의미 있다'는 믿음 없이는 타인의 시선에 매달리게 된다는 것이다.

둘째는 타자 신뢰confidence in others이다. 이는 다른 사람을 경쟁 상대로 보지 않고 수평적인 관계 속에서 맺는 신뢰감을 의미한다. 아들러는 관계의 본질이 '평등한 존재끼리의 상호 인정을 통한 교류'에 있다고 보았다. 타인을 믿는다는 것은 그들의 판단이나 기대가 내 가치를 결정하지 않는다는 의미다. 즉, 내 존재는 타인의 인정이 없어도 그대로 유효하며 타인의 부정이 내 존재를 위협하지 않는다고 믿는 것이다.

셋째는 타자 공헌contribution to others이다. 단지 자신이 아닌 타인과 공동체에 의미 있게 기여하고 있다는 느낌이 행복의 핵심이라고 아들러는 설명했다. 공헌은 거창한 것이 아니다. 가족을 돌보고 동료를 응원하며 친구에게 작은 도움을 주는 일이 모두 포함된다. 우리는 어떤 일에서 스스로의 유능감을 느끼고 그 일이 다른 사람에게 긍정적인 영향을 준다고 느낄 때 '삶의 가치'

를 직감하게 된다.

이 세 가지 조건이 서로를 강화하는 구조도 주목할 필요가 있다. 자신을 수용할 수 있어야 다른 사람을 신뢰할 수 있고 타인을 신뢰해야 비로소 적극적으로 공헌할 수 있다. 그리고 다시 공헌의 경험은 자신이 충분히 가치 있다는 감각을 심어준다.

'인정'이 아닌 '수용'에서 시작되는 가치

아들러가 말한 행복의 세 가지 조건은 모두 '인정받기 위해 애쓰지 않아도 충분히 괜찮은 나'를 향해 나아가는 심리적 구조를 보여준다. 자기 수용은 그 첫걸음이다. 나를 있는 그대로 받아들이는 것. 실수투성이의 나, 불안한 나, 완벽하지 않은 나를 숨기지 않고 인정하는 것이다.

여기에는 '나는 지금 이 모습으로도 충분히 의미 있는 존재다'라는 믿음이 담겨 있다. 이 믿음이 단단해질수록 우리는 타인의 평가에 의존하지 않게 된다. 남이 나를 어떻게 보든 내가 나를 존중하고 이해한다면 흔들릴 이유가 없다.

자기 수용이 자리를 잡으면 우리는 타인을 더 이상 위협적인

존재로 느끼지 않는다. 그들은 나를 평가하거나 판단하는 대상
이 아니라 나와 함께 살아가는 '동등한 존재'가 된다. 이것이 바
로 타자 신뢰다. 타인을 신뢰한다는 것은 그들의 반응이나 시
선에 휘둘리지 않고 인간으로서 나와 그들의 대등함을 인정하
는 태도다. 나를 수용한 사람만이 타인도 수평적인 존재로 받
아들일 수 있다.

이러한 관계 위에서 우리는 비로소 무언가를 나눌 수 있게 된
다. 아들러가 말한 마지막 행복의 조건, 타자 공헌은 내가 가진
것을 타인에게 내어줄 수 있는 능력이다.

공헌은 꼭 큰일이 아니라도 된다. 말 한마디, 작은 배려, 함께
웃는 시간 속에서도 우리는 타인의 삶에 의미 있는 흔적을 남길
수 있다. 그리고 그 순간 우리는 타인의 인정을 받지 않아도 이
미 충분히 가치 있는 사람임을 체험하게 된나.

결국 인정은 목적이 아니라 결과에 가까운 것이다. 나 자신을
수용하고 타인을 신뢰하며 의미 있게 공헌할 때 우리는 누군가
에게 '인정받을 만한 사람'이 된다. 그러나 더 중요한 건 그 인
정이 없어도 우리는 충분히 괜찮다는 사실이다.

아들러가 제시한 이 세 가지 조건은 바깥을 향하던 우리의 시
선을 다시 안으로, 그리고 옆으로 향하게 만든다. 그곳에서 우

리는 타인의 기준이 아닌 나만의 의미로 삶을 살아갈 수 있는 힘을 얻게 된다.

결핍의 목소리를 들을 때 나를 가장 깊이 돌볼 수 있다

우리가 인정받고 싶어 하는 순간 그 마음속에는 단순한 욕심 이상의 무언가가 숨어있다. 그것은 종종 결핍에서 비롯된다. 누군가에게 칭찬받지 않으면 존재 의미를 느낄 수 없을 것 같은 허기, 사랑받지 못할까 두려워 불안하게 움켜쥐는 애씀. 아들러가 강조한 '자기 수용'은 이러한 결핍의 감정들을 억누르거나 외면하자는 말이 아니다. 오히려 그 감정을 솔직하게 들여다보고 그속에 담긴 내면의 목소리를 들어보라는 초대다. '왜 나는 지금 이렇게까지 인정받고 싶을까?'라는 질문을 스스로에게 던져볼 수 있어야 한다.

이런 질문은 나를 연민 어린 시선으로 바라보게 한다. 어쩌면 오랫동안 충분히 받아보지 못한 따뜻한 격려, 비교 속에서 스스로를 깎아내려야 했던 어린 시절의 기억, 실수했을 때 느꼈던 창피함이나 버려질까 두려웠던 감정들이 지금의 결핍을 만들었을지도 모른다. 그 감정을 직면할 때 비로소 우리는 타인의 인정이 아닌 '나 자신'에게 손을 내밀 수 있다. 지금 이 순간 내 감정과 욕구를 부끄러워하지 않고 알아차리는 일, 그것이야말로 가장 근본적인 자기 수용이다.

정혜신 박사의 저서 『당신이 옳다』에서도 이와 유사한 통찰이 등장한다. 그녀는 심리적 고통을 겪는 사람에게 가장 필요한 것은 '문제 해결'이나 '조언'이 아니라 '당신이 그렇게 느끼는 게 당연하다'고 말해주는 단 한 사람의 진심 어린 공감이라고 강조한다.

사람들은 고통을 표현하는 순간에도 '이 정도로 힘들어해도 될까?', '이런 나를 누가 이해해줄까?' 하는 두려움을 품고 있다. 그래서 우리는 아프다고 말하면서도 동시에 이 감정을 타인들이 인정해주기를 바라게 된다. 이 인정의 욕구는 결국 나의 고통과 감정이 '옳다'는 누군가의 확신으로 채워질 수 있다. 정혜신 박사는 바로 그 '정서적 승인'이 결핍된 상태에서 사람이 얼마나 흔들릴 수 있는지를 섬세하게 짚어낸다.

이 지점에서 아들러의 자기 수용과 타자 신뢰, 타자 공헌이라는 구조가 다시금 떠오른다. '당신이 옳다'는 말은 곧 '지금의 나도 괜찮다'라는 자기 수용의 확장을 의미하며, 동시에 '너를 믿는다'는 타자 신뢰의 실천이자, 상대에게 존재의 의미를 돌려주는 깊은 공헌이다. 결국 우리 모두는 누군가의 시선 속에서 '괜찮다'는 말을 듣고 싶은 아이였고 그 말을 들은 경험이 충분치 못할수록 더 많은 인정에 목말라 하는 것이었다.

그러니 지금 이 순간 우리가 해야 할 일은 누군가에게 인정받기 위해 애쓰는 대신 내 안의 어린 나를 만나고 '너의 감정은 옳아'라고 말해주는 것이다. 정혜신 박사의 말처럼 내 고통을 누군가가 공감해준다면 그것만으로도 회복이 시작된다.

그리고 아들러가 말한 자기 수용의 힘은 바로 그 공감을 스스로 줄 수 있을 때 더욱 강해진다. 결국 인정받지 않아도 괜찮다는 확신은 누군가가 내 감정을 수용해준 경험에서 비롯되며, 우리는 그것을 나 자신에게도 해줄 수 있어야 한다. 그렇게 우리는 결핍에서 출발해 수용으로 나아가고 자기 연민과 존중의 태도 속에서 스스로를 회복할 수 있다. 그것이 '인정 없이도 괜찮은 나'를 살아가는 방식이다.

아들러는 '있는 그대로의 나를 받아들이는 태도'가 곧 자기 인생을 살아가는 출발점이라고 했다. 외부의 칭찬이 아닌 나 자신에게서 나오는 목소리를 들을 수 있을 때 우리는 더 이상 인정에 목말라하지 않게 된다.

결핍은 여전히 있을 수 있다. 그러나 이제 그 결핍은 내가 내게 더 가까이 다가갈 수 있도록 부르는 신호가 된다. 결핍이 클수록 나는 더 많이 나에게 집중할 수 있다. 그리고 그 집중 속에서야말로 우리는 타인의 시선과 무관하게도 '충분히 괜찮은 나'를 다시 발견하게 된다.

Day 21

남의 기대를 내려놓는 순간
자유로워진다

숙제를 안 하는 아이와 지나치게 애쓰는 어른

> "자유는 내가 원하지 않는 것을
> 거절할 수 있는 능력이다."
>
> 장 자크 루소

진정한 자유란 단지 하고 싶은 것을 마음껏 하는 것이 아니라
원치 않는 것을 하지 않는 것 즉, '하지 않을 권리'를 행사할 수

있는 용기에서 시작된다.

아들러는 이와 같은 자유의 본질을 아이의 행동 속에서 발견했다. 그는 아이가 숙제를 하지 않는 이유를 단순한 게으름이나 무능함에서 찾지 않았다. 그는 그 행동 이면에 분명한 목적이 있다고 보았다. 예컨대 부모의 관심을 끌고 싶어서, 혹은 '나는 당신 말대로 움직이지 않겠어'라는 무언의 메시지를 보내기 위해 숙제를 하지 않을 수도 있다는 것이다.

이러한 아이의 태도는 겉보기에 문제행동 같지만 실제로는 '내 존재를 봐달라', '내 방식대로 인정받고 싶다'는 깊은 감정이 깔려 있다. 이처럼 인간의 행동은 단순히 결과를 향하는 것이 아니라 특정한 '목적'을 향해 설계되어 있다.

어른의 세계에서도 이 메커니즘은 똑같이 작동한다. 우리는 때때로 무엇인가를 하지 않거나 반대로 과하게 애쓰는 방식으로 타인의 기대를 의식한다. 예를 들어 과도하게 완벽을 추구하는 사람은 '실수하지 않아야만 인정받을 수 있다'는 신념을 내면화했을 가능성이 크다.

겉보기에는 열정처럼 보일 수 있지만 그 동기는 타인의 기준을 충족시켜야 한다는 압박에서 비롯되었을 수 있다. 즉, '숙제를 안 하는 아이'처럼 '지나치게 애쓰는 어른' 역시 존재 확인을 위해 남의 반응을 시험하고 있는 것이다.

그렇다면 진짜 자유는 어디에서 시작되는가? 아들러는 말한다. 행동의 목적을 들여다보고 그 목적이 '타인의 시선'이나 '남의 기대'에서 비롯된 것이라면 과감히 내려놓으라고. 왜냐하면 그 기대는 애초에 내 것이 아니기 때문이다. 우리는 수많은 관계 안에서 살아가지만 그 관계가 내가 살아가는 목적이 되어선 안 된다. 남의 기대에 맞춰 사는 삶은 필연적으로 불안과 분노, 무력감을 낳는다. 내가 원하는 방향으로 살고 있다는 감각이 없기 때문이다.

타인의 기대를 내려놓는 순간 우리는 자유로워진다. 비로소 내 목적을 새로 세울 수 있다. 아이가 '숙제를 하지 않음'으로써 전달하려 했던 감정처럼 우리도 때로는 '기대에 부응하지 않음'으로써 진짜 내 감정을 드러낼 수 있다. 그 감정은 우리가 진짜 원하는 삶의 방향으로 나아가는 신호일 수 있다.

남의 기대를 내려놓는다는 건 무책임하게 사는 것이 아니다. 오히려 그것은 진짜 나에게 책임을 지는 일이다. 내가 정한 기준, 내가 선택한 가치, 내가 설정한 속도로 살아가겠다는 선언이다.

그리고 그 선택이 쌓인 삶 속에서 우리는 비로소 자유를 경험

하게 된다. 아들러가 말한 것처럼 우리 인생의 주도권은 과거에
도, 타인에게도 없다. 언제나 '지금 여기'에서 내가 어떻게 행동
할 것인가에 달려 있다.

빨간 약을 삼키는 순간, 삶은 내 것이 된다

아들러는 인간의 모든 행동에는 목적이 있다고 말했다. 단지 외
부 자극에 반응하는 기계적 존재가 아니라 내면의 목적과 방향
성을 가진 주체라는 것이다.

「매트릭스」의 주인공 네오도 마찬가지다. 그는 처음엔 일상을
살아가는 평범한 직장인이지만 어딘가 잘못되었다는 막연한 감
각을 품고 있었다. 그 막연함은 사실 '내가 진짜 원하는 삶은 무
엇인가'라는 물음에서 비롯된다. 그리고 모피어스를 만나면서
그는 처음으로 자신의 삶에 목적을 부여하기 시작한다. 현실 세
계로의 탈출은 단순한 반항이 아니다. 그것은 자신이 설정한 삶
의 목적을 향해 나아가려는 선택이다. 그는 더 이상 타인이 설계
한 가상현실에 기대지 않고 스스로 삶의 의미를 구축하려 한다.

이것이 아들러가 말한 행동의 목적성이다. 겉으로 보기엔 위
험하고 비합리적으로 보이는 행동도 실제로는 내면 깊은 곳에

서 설정된 '목적'을 향해 움직이는 경우가 많다. 네오의 선택은 바로 그것을 상징한다. 진짜 나의 삶, 진짜 나의 길을 찾기 위해 지금까지의 안락함을 포기하는 일. 그것은 고통스럽고 두려운 일이지만, 바로 그 지점에서부터 '자기 삶의 주인이 되는 경험'이 시작된다.

"파란 약을 먹으면 모든 게 원래대로 돌아갈 거야.
하지만 빨간 약을 먹으면 넌 진실을 보게 될 거야."

아들러는 말한다. 인간은 변화할 수 있고 스스로 의미를 창조하는 존재라고. 네오가 빨간 약을 삼킨 순간 그는 더 이상 조종받는 존재가 아니라 스스로를 규정하는 존재가 되었다.

아들러는 심리학의 무게중심을 '과거'에서 '미래'로 옮겼다. 그는 우리가 지금 어떤 사람인지보다, 앞으로 어떤 사람으로 살아가고자 하는지가 훨씬 중요하다고 말했다. 그 의지와 방향 설정이 곧 인간을 변화시키는 힘이기 때문이다.

인간은 조종당하는 존재가 아니다. 우리는 언제든 삶의 무대를 바꿀 수 있고 스스로를 다시 정의할 수 있으며 타인의 기대나 과거의 상처가 아닌 '자신이 설정한 목적'에 따라 살 수 있는 존재다. 아들러가 남긴 심리학은 바로 이 가능성을 믿는 데서 출발한다. 변화 가능성에 대한 신뢰, 자기 삶을 창조할 수 있다는 용기 그리고 그것을 실현하기 위한 실천이 아들러 심리학의 핵심이다.

기대를 내려놓는 것, 그것이 진짜 자유다

타인의 기대는 때때로 우리를 이끌기도 하지만 대부분은 우리를 묶어놓는다. 부모의 기대, 사회의 기준, 조직의 시선 속에서 우리는 자신이 어떤 사람이어야 한다는 '역할'에 갇힌다. 그 역할을 잘 수행하면 인정받고 그렇지 못하면 실패자 취급을 받는 이 구조 안에서 우리는 스스로를 점점 잃어간다.

　한국 사회에서는 많은 사람들이 '장남'이나 '장녀'라는 이름 아래 무언의 역할을 부여받으며 성장한다. 특히 K-장남, K-장녀라 불리는 이들은 가족 내에서 '희생과 책임'의 상징처럼 여겨진다. 부모를 먼저 배려하고 동생을 챙기며 자기 욕구는 뒤로 미루는 것이 마땅한 도리로 여겨지는 구조. 어릴 땐 '네가 첫째니까'라는 말이 당연하게 들리지만 시간이 지날수록 그 말은 하나의 '역할 강박'으로 자리 잡는다. 이 강박은 성인이 된 이후에도 쉽게 지워지지 않는다. '착한 아이', '든든한 자식', '믿을 수 있는 사람'으로서의 이미지를 유지하기 위해 끊임없이 노력하고 때론 자신이 원하는 삶보다 가족의 기대를 더 우선하게 된다. 그러다 보면 어느 순간 나는 무엇을 원하고 어떤 방향으로 살고 싶은지조차 알 수 없게 된다.

먼저 '좋은 자식', '괜찮은 사람'이 되어야 한다는 기대를 내려놓아야 한다. 그것은 무책임한 반항이 아니라 진짜 자기 삶을 시작하려는 선언이다. '가족을 위해 살아야 한다'는 말에 지쳐 있다면 이제는 물어야 한다.

'나는 지금 누구의 인생을 살고 있는가?'
'내가 진짜 원하는 삶의 방향은 어디인가?'

이 물음 앞에 정직해질 수 있을 때 우리는 비로소 '자신의 이름'으로 살아가기 시작한다. 남의 기대가 아니라 내 가치로 인생을 설계하는 일, 그것이 아들러가 말한 진짜 자유다.

인간은 언제든 새로운 목적을 설정할 수 있으며 자신이 설계

불안해도 괜찮습니다

한 인생의 주인이 될 수 있다. 그 첫걸음은 타인의 기대를 내려놓는 용기에서 시작된다. 누군가가 바라는 모습이 아니라 내가 바라는 삶의 방향을 선택하는 일, 이것이 바로 자유다. 단지 하고 싶은 것을 마음껏 하는 자유가 아니라 원치 않는 것을 거절할 수 있는 자유, 그것이 진정한 해방이다.

기대를 내려놓는다는 건 관계를 포기하는 것이 아니라 관계 안에서 자기 존재를 잃지 않겠다는 다짐이다.

> '나는 너의 기대를 따르지 않아도 괜찮은 사람이다.'

이 믿음이 자리 잡을 때 우리는 더 이상 인정받기 위해 자신을 포장하지 않는다. 오히려 솔직하고 명확하게 말하고 건강하게 거절하며 책임감 있게 선택할 수 있다. 기대를 내려놓는 순간 무거웠던 짐이 사라지고 나만의 길이 보이기 시작한다. 그리고 그 길을 걸어가는 발걸음 위에서 우리는 비로소 '진짜 나'로 살아가는 자유를 경험할 수 있다.

Day 22

비교보다 중요한
나만의 성장

아들러가 강조한 생애 과제 3가지

'우리는 왜 존재하는가?'

'우리는 어디에 속해 있는가?'

이 두 질문은 인간 존재의 가장 근원적인 불안과도 닿아있다.
아들러는 이를 '실존 과제'로 보았다. 그는 인간이 삶의 의미를 찾아가며 살아가기 위해 반드시 마주해야 할 질문으로 '존재'와 '소속'을 꼽았다. 존재는 '나는 누구인가'에 대한 물음이고 소속은 '나는 어디에 연결되어 있는가'에 대한 탐색이다.

아들러는 이 실존 과제를 좀 더 구체적으로 세 가지 삶의 영역에서 풀어내야 한다고 보았다. 그것은 바로 일, 우정, 사랑으로 구성된 '생애 과제'다. 이 세 가지는 단순한 역할 수행의 문제가 아니다. 내가 어떤 존재로 살아가고 있으며 공동체 안에서 어떤 방식으로 연결되어 있는지를 드러내는 삶의 핵심 과제들이다.

사람들은 종종 '비교'를 통해 삶의 방향을 설정한다. 누구보다 잘 나가야 하고 인정받아야 하고 눈에 띄어야 한다. 하지만 그런 비교는 결국 삶을 '경쟁의 전장'으로 만들고 우리가 진짜로 원하는 것이 무엇인지조차 헷갈리게 만든다.

아들러는 그런 삶에서 벗어나기 위해 인간이 풀어야 할 세 가지 핵심 과제를 제시한다. 그는 이를 '생애 과제'라 불렀고 이 과제를 해결하는 방식이 곧 '나만의 삶'을 만들어가는 길이라고 했다.

첫째는 일work&leisure의 과제다. 단순히 생계를 위한 직업 선택만이 아니라 내가 어떤 방식으로 세상에 기여하고 있는지를 묻는 문제다. 아들러는 일과 여가 모두에서 '나만의 방식'을 찾는 것이 중요하다고 봤다. 우리는 하루 중 대부분의 시간을 일에

쓰며 살아간다. 그렇기에 그 일은 단지 생존을 위한 수단이 아닌 삶의 의미를 만드는 과정이어야 한다. 여기에는 일의 성취뿐 아니라 회복과 창조, 나다움을 표현하는 여가 활동도 포함된다.

둘째는 우정friendship의 과제다. 이 과제는 타인과의 수평적인 관계, 협력과 공존의 태도를 어떻게 실현할 것인가에 대한 고민이다. 친구는 나를 위해 존재하는 사람이 아니라 함께 살아가는 동료다. 아들러는 타인을 경쟁자가 아닌 '같이 살아가는 존재'로 받아들일 때 비로소 진정한 우정이 가능하다고 말했다. 그리고 그 우정의 경험은 '나도 공동체 안에서 소중한 사람'이라는 감각을 심어준다.

셋째는 사랑love의 과제다. 이 과제는 내가 가장 깊고 밀접한 인간관계 속에서 얼마나 진정성 있게 존중과 자유를 지키며 사랑할 수 있는가에 대한 질문이다. 사랑은 누군가에게 의존하거나 완벽한 모습을 보여주기 위한 연기가 아니다. 나의 불완전함을 알고 상대의 불완전함을 알면서도 함께 삶을 나누는 용기다. 아들러는 특히 이 과제에서 가장 큰 자유와 성장의 가능성을 예견했다. 이 세 과제를 성실히 수행하며 살아가는 것, 그것이 아들러가 말한 '건강한 삶'이다.

불안해도 괜찮습니다

과제를 대하는 방식은 사람마다 다르다. 이 과제들은 누군가보다 앞서기 위한 문제가 아닌 내가 어떤 방향으로 나아가고 있는지 스스로 묻고 답하는 과정이다. 결국 중요한 것은 '지금 이 자리에서 나는 어떤 관계를 맺고 있으며 어떤 기여를 하고 있고 어떤 사랑을 배우고 있는가'다. 삶은 비교의 무대가 아니라 내가 나만의 길을 걸어가는 하나의 여정이다. 아들러가 말한 생애 과제는 그 여정에서 중심을 잃지 않도록 도와주는 나침반이 되어준다.

존재의 불안은 '소속'으로 치유된다

우리가 '나는 누구인가'를 끊임없이 묻는 이유는 단지 자아를 알고 싶어서가 아니다. 사실 이 질문은 언제나 또 다른 질문으로 이어진다. '나는 어디에 속해 있는가?' 인간은 관계적 존재다. 혼자 존재할 수 없고 관계 속에서만 자신의 존재를 실감한다. 그래서 소속의 경험은 단지 누군가 곁에 있다는 차원이 아니다. 내가 누군가에게, 어떤 공동체에 의미 있는 사람이라는 확신이 있을 때 비로소 우리는 존재의 안정감을 느낀다.

소크라테스Socrates는 인간을 '사회적 동물'이라 정의하며, 인간은 본질적으로 공동체 안에서 살아가야만 진정한 존재로서의 의미를 가질 수 있다고 보았다. 이는 아들러가 말한 실존 과제인 '존재'와 '소속'의 개념과도 깊이 연결된다.

아들러는 인간이 혼자서는 존재감을 느끼기 어렵다고 봤다. 따라서 '소속'의 경험이란 단순히 사람들과 함께 있는 것이 아니라 공동체 속에서 내가 의미 있는 존재로 받아들여진다는 확신을 갖는 일이라고 규정했다. 인간은 관계 속에서 존재의 가치를 확인하고 타자와의 연결을 통해 스스로를 실현해 나간다. 타자와의 관계 속에서만 비로소 '존재하는 감각'을 갖게 되고 그 감각이 삶의 방향성과 의미를 부여하는 핵심이 되는 것이다.

아들러가 공동체 감각social interest을 핵심 가치로 강조한 것도 이 때문이다. 그는 인간의 심리적 건강이 단절이 아니라 연결에서 비롯된다고 보았다. 단순한 소속이 아니라 '기여하고 있다고 느끼는 소속'이 중요하다. 존재의 의미는 내가 누군가와 연결되어 있고 그 관계 안에서 내가 의미 있는 사람으로 작용하고 있다는 확신을 느낄 때 체감된다.

'나는 누구인가'라는 물음은 결국 '나는 누구와, 어떻게 연결되어 있는가'라는 질문과 분리될 수 없다. 우리는 관계가 끊어질 때도 존재감을 잃지만 타인의 기대나 비교 속에서 나를 증명하려 들 때 더 깊은 고립감을 느낀다. 그렇기에 중요한 건 지금 내가 맺고 있는 관계들이 진짜 나로서 연결되어 있는가, 그리고 그 안에서 내가 기여하고 있는가를 돌아보는 일이다.

아들러가 말한 존재와 소속이라는 실존 과제는 결국 '혼자가 아닌 나'를 회복하는 과정이다. 그것은 억지로 어울리거나 무리 속에 끼어있으라는 이야기가 아니다. 오히려 '있는 그대로의 나로 어떤 관계를 맺을 수 있을지'를 묻는 실존의 과제다.

내가 존재감을 느낄 수 있는 자리, 내가 작게라도 보탬이 될 수 있는 관계, 그리고 서로의 불완전함을 인정할 수 있는 연결, 이것들이 바로 존재를 지키고 삶을 지탱하는 '소속'이다. 이 소속을 찾고 이어가려는 태도야말로 아들러가 말한 진짜 성장의 방향이다.

다른 누구와도 비교되지 않는 '나만의 성장'

심리학자 칼 융Carl Jung은 이렇게 말했다.

"일생의 특권은 진정한 나 자신이 되는 것이다."

이 말은 단지 멋진 자기계발 구호가 아니다. 인간 존재의 본질과 우리가 평생에 걸쳐 풀어야 할 질문에 대한 깊은 통찰이다. 융은 인간의 고통이란 대부분 '자신이 아닌 삶'을 살 때 찾아온다고 보았다. 타인의 기대에 맞추려 애쓰고 비교 속에서 스스로를 부정하며 본래의 감정이나 욕망을 억누르는 삶. 그런 삶은 겉보기엔 안정적일지 몰라도 내면에는 늘 불안과 갈증이 존재한다. 진짜 성장이라는 것은 외부의 기준이나 누군가와의 비교에서 비롯되지 않는다. 그것은 오직 '나답게 사는 것'에서 비롯된다.

세상은 끊임없이 비교와 경쟁을 요구한다. 하지만 비교는 늘 불안과 결핍을 낳는다. 우리는 누군가보다 더 나아야만 존재할 수 있다고 믿는다. 그러나 아들러는 그런 방식의 존재 확인이야말로 가장 큰 착각이라고 말한다. 진짜 성장은 누군가보다 더 나은 내가 아니라 어제보다 더 나다워진 나를 향해 나아가는 일이다.

'나만의 성장'이란 내가 설정한 방향과 속도로, 내가 맺고 싶은 관계를 통해 삶을 꾸려가는 것이다. 작아 보여도 내가 선택한 일, 서툴러도 진심으로 이어가는 관계, 완벽하진 않아도 서로를 존중하며 지키는 사랑, 이런 삶의 조각들이 모여 결국 나만의 인생이 된다. 그것이야말로 타인과의 비교가 아닌 내 삶의 궤도를 따라가는 성장의 방식이다.

아들러는 우리 모두가 스스로를 변화시킬 수 있는 존재이며 그 변화의 중심에는 '나답게 살아가려는 용기'가 있다고 보았다. 나만의 성장은 바로 그 용기를 따라 한 걸음씩 나아가는 여정이다. 그리고 그 여정에서 우리는 비로소 삶의 의미와 안정감을 얻게 된다.

Day 23

타인보다
나와 경쟁하는 삶

비교 대신 '어제의 나'와 경쟁하라

아들러가 말한 목표 지향적 정신생활에는 낙관주의optimism가 깊이 깔려 있다. 『긍정의 힘』의 저자 조엘 오스틴Joel Osteen은 낙관적 태도의 힘을 설파한 대표적인 인물이다. 그는 "당신이 어떻게 생각하느냐가 당신이 어떤 삶을 살게 될지를 결정한다"라고 말한다. 부정적인 생각을 계속 품는다면 부정적인 현실을 살게 되고 긍정적인 생각을 선택하면 더 나은 삶의 가능성이 열린다는 것이다.

오스틴은 우리의 생각이 우리의 인생을 설계하는 가장 강력한 도구임을 강조하며 스스로를 믿고 좋은 방향을 상상하는 것이 실현 가능한 삶의 시작이라고 말한다. 이 관점은 아들러가 말한 인간의 목표 지향성과 맞닿아있다. 인간은 과거의 흔적보다 미래의 목적에 의해 움직이는 존재이며 그 목적이 긍정적일 때 우리는 더 건강하고 의미 있는 삶을 살아갈 수 있다는 것이다.

이러한 낙관주의는 단순한 희망이나 근거 없는 기대와는 다르다. 그것은 인간의 성장 가능성을 신뢰하고 스스로의 능력과 선택에 책임지는 건강한 자기 주도성이다. 아들러는 이런 태도를 지닌 사람일수록 자기 인생의 방향을 스스로 설계하며 남과의 비교가 아닌 자기 삶의 의미에 집중한다고 보았다. 이 점에서 낙관주의는 단순한 감정이 아니라 인간의 존재 방식을 규정하는 철학적 태도이기도 하다.

따라서 진정한 경쟁은 '남보다 잘나야 한다'는 불안에서 시작되지 않는다. 대신 우리는 '어제의 나보다 한 걸음 더 성장하기'를 목표로 삼아야 한다. 이 비교는 건강한 비교다. 왜냐하면 이 경쟁은 자아 강화와 삶의 의미 추구 즉, 낙천적 기대에 기반하기 때문이다. 우리는 자신이 설정한 이상self-ideal에 다가갈 수 있다는 신념을 안고 있기 때문에 목표를 향해 나아갈 수 있다. 그 신념이 바로 낙관주의다.

이 과정에서 낙천주의hopefulness는 중요한 역할을 한다. 아들러는 사람들이 스스로 만든 '허구적 목적'이 진화할 수 있다고 보았다. 목표가 실현 불가능하다면 건강한 사람은 그것을 조정하고 새로운 방향을 만든다. 이 능동적 태도가 바로 낙천주의다. 과거의 실패나 열등감이 삶을 정의하지 않으리라는 낙관적 기대 아래 우리는 스스로 과제를 책임지며 살아간다.

결국 나와 경쟁하는 삶은 '남과의 비교에서 해방된 삶'을 의미한다. 우리는 스스로 세운 목적을 향해 나아가며 자신의 성장 가능성을 믿는 낙관주의를 기반으로 살아가야 하고 무의미한 허구적 목표를 과감히 수정할 수 있는 낙천적 태도를 갖고 살아가야 한다. 이 길 위에서는 불안이 아니라 희망과 용기, 경쟁이 아니라 자기 향상과 자기 수용이 중심이 된다. 이는 바로 아들러가 말한 심리적 자유와 건강한 삶의 초상이다.

작은 한 걸음부터 시작하자

아들러는 변화란 거창한 결심에서 시작되지 않는다고 말한다. 오히려 진짜 변화는 아주 작은 '한 걸음'에서 시작된다고 보았

불안해도 괜찮습니다

다. 인간은 완벽한 준비가 되어야 움직이는 존재가 아니라 불완전한 상태에서도 움직일 수 있는 존재라는 것이다. 중요한 건 완전함이 아니라 '실천하는 용기'다.

아들러가 강조한 '작은 한 걸음부터 시작하라'는 원칙은 노자의 "千里之行 始於足下_{천 리 길도 한 걸음부터}"라는 명구와 맞닿아있다. 이 표현은『도덕경』제64장에서 유래한 것으로 큰 일도 반드시 가장 작은 요소에서 시작된다는 철학적 깨달음을 담고 있다. 노자는 이 말로 어떤 위대한 여정도 첫걸음을 떼는 순간 이미 시작된다는 사실을 강조하고 싶어했다. 그리고 그 한 걸음이 모여 결국 천 리의 여정을 완성하게 된다고 설명했다. 이는 결코 눈에 띄지 않는 작은 행동이라도 성취를 향한 여정에서 가장 중요한 출발점이 될 수 있다는 뜻이다. 위대한 목표를 이루기 위해선 완벽한 계획보다 지금 여기, 내가 할 수 있는 작은 행동 하나를 선택하고 실천하는 것이 필요하다.

아들러도 이와 같은 맥락에서 "변화는 거창한 결심이 아니라 작은 실천에서 시작된다"고 말했다. 그는 용기의 근원이 거대한 목표가 아니라 지금 이 순간 내가 할 수 있는 작은 선택에 있다고 보았다. 완벽하지 않아도, 불안해도 괜찮다. 중요한 것은 바로 한 걸음을 내딛는 용기다. 그 한 걸음이 모여 결국 우리 삶의 궤도를 바꾸기 시작한다.

대인관계에서 어려움을 겪고 있는 사람들은 종종 '내가 변해봤자 아무것도 달라지지 않아'라는 절망에 빠지곤 한다. 하지만 아들러는 그런 인식 자체가 용기의 부족에서 비롯된다고 보았다. 그는 인간의 변화가 '대단한 결심'이나 '극적인 계기'로부터 오는 것이 아니라 지금 이 순간 내가 할 수 있는 아주 작은 실천에서 출발한다고 말한다. 그리고 그 작은 실천이야말로 관계의 갈등을 풀 수 있는 실질적인 시작점이 된다.

예컨대 누군가와의 관계가 서먹해졌다고 하자. 아들러는 이럴 때 가볍게 건네는 인사 한마디, 감정을 담은 진심 어린 메시지, 또는 먼저 다가가는 행동이야말로 관계 회복의 씨앗이 된다고 봤다. 완벽한 사과나 완전한 화해를 준비하려 애쓰지 않아도 된다. 중요한 건 내가 먼저 작은 연결의 실마리를 만드는 것이다. 상대의 반응이 어떨지 알 수 없어도 내가 진심을 담아 한 걸음을 내딛는다면 이미 변화는 시작된 것이다.

인간관계의 회복이란 단숨에 관계를 되돌리는 극적인 사건이 아니다. 그것은 매일의 작은 실천이 모여 만들어가는 결과다. 아들러는 바로 이 '작은 실천의 힘'을 강조했다. 우리는 완벽하지 않아도 괜찮다. 중요한 건 지금 이 자리에서 내가 먼저 한 걸음을 내딛는 용기를 선택할 수 있다는 사실이다. 그리고 그 작은 한 걸음은 상처받은 관계를 다시 잇고, 단절된 연결을 회복하는 진짜 변화의 시작이 될 수 있다.

진짜 경쟁은 남과의 싸움에 있지 않다

삶은 끊임없는 선택의 연속이며 그 선택은 누구와 경쟁하느냐에 따라 방향이 달라진다. 아들러는 말한다. 진짜 경쟁은 타인과의 비교에서 시작되지 않는다고. 오히려 "어제의 나보다 한 걸음 더 나아가려는 의지"에서 출발한다고. 그것이 아들러가 말한 목표 지향적 정신생활의 본질이며 인간의 성장을 이끄는 건강한 에너지다.

우리는 종종 남과 비교하며 불안을 키우고 나아가 스스로를 낙오자로 느낀다. 하지만 진짜 삶의 본질은 '내가 어디끼지 왔는가'가 아니라 '나는 지금 어디를 향해 가고 있는가'에 달려 있다. 조엘 오스틴이 강조한 것처럼 우리의 생각은 곧 삶을 설계하는 힘이다. 내가 나의 가능성을 믿고 지금 이 순간 작은 한 걸음을 내딛는다면 이미 변화는 시작된 것이다.

아들러는 인간이 불완전한 존재임을 인정하면서도 그 안에 무한한 성장 가능성이 있다고 믿었다. 그는 완벽하지 않은 상태에서 시작할 수 있는 용기를 강조했다. 낙관주의와 낙천주의란 바로 그런 실천의 태도다. 희망을 품되 현실을 직시하고 실패를 두려워하지 않으며 의미 있는 방향으로 나아가겠다는 다짐. 이 태도는 '타인보다 나은 사람'이 되기 위한 것이 아니라 스스로 설정한 이상self-ideal에 가까워지기 위한 실천이다.

결국 타인과 경쟁하는 삶은 피로와 비교의 늪에 빠진다. 그러나 어제보다 나아지려는 삶은 자기 성장과 존엄을 지켜낸다. 오늘의 한 걸음이 어제보다 나아졌다면 우리는 이미 충분히 잘 살고 있는 것이다. 그리고 이 내면의 성장이야말로 아들러가 말한 '심리적 자유'에 이르는 길이기도 하다. 진짜 승리는 남을 이기는 것이 아니라 스스로를 더 깊이 이해하고 더 단단하게 살아가는 것이다.

Day 24

나답게 산다는 것
그것만으로도 충분하다

나를 북돋우는 힘 '용기 부여'

아들러는 우리에게 묻는다. "자신감을 얻기 위한 유일한 방법
이 무엇일까?" 그리고 단호히 말한다. '용기 부여encouragement'
가 바로 그 해답이라고. 여기서 말하는 '용기 부여'란 단순히 기
분 좋게 만드는 말이나 일시적인 위로의 차원이 아니다. 그것은
한 인간이 자신의 존재 가치를 회복하고 다시 삶의 과제를 향
해 나아갈 수 있도록 심리적 에너지를 북돋는 근원적인 힘이다.

아들러는 인간의 모든 심리적 문제는 '용기의 부족'에서 비롯

된다고 보았다. 자신이 해낼 수 없을 것이라는 생각, 타인의 기대에 미치지 못할 것이라는 두려움, 실패에 대한 과도한 예측 등은 모두 용기가 결여된 상태에서 나타나는 심리적 좌절들이다. 이런 상태의 사람에게 필요한 것은 야단이나 교정이 아니다. 오히려 필요한 것은 '네 안에는 할 수 있는 힘이 있다'는 메시지를 진심으로 전달하는 태도다.

아들러는 이런 용기 부여를 통해 인간은 다시 일어설 수 있다고 믿었다. 그것은 한 사람을 바라보는 시선의 변화이기도 하다. 그가 지금 실패했든 주저앉아 있든 그럼에도 불구하고 그 사람 안에 여전히 가능성과 힘이 있다는 신뢰. 이 신뢰야말로 용기 부여의 본질이다.

그리고 아들러는 우리가 그 용기를 '외부로부터의 인정'이나 '성과'에 의존하지 않고도 회복할 수 있어야 한다고 말했다. 다시 말해 누군가가 나를 칭찬하거나 결과가 잘 나와야만 자신감을 가질 수 있다면 그것은 언제든 무너질 수 있는 '조건부 자신감'이다. 반면 용기 부여는 '나의 존재 자체에 대한 긍정'에서 출발한다. 지금 이 순간 내가 완전하지 않더라도 여전히 괜찮은 사람이라는 자각이 용기 부여의 출발점이 된다.

그러면서도 아들러는 '용기 부여는 서로 나누는 것'이라 강조했다. 자신의 용기를 얻은 사람은 타인에게도 용기를 줄 수 있는 사람으로 성장한다. 그리고 이런 관계 안에서 우리는 더 큰 소속감을 느끼고 자기 효능감을 경험하게 된다.

결국 용기 부여란 삶을 살아갈 힘을 회복하게 하는 '심리적 응급처치'이자 자신감의 본질적 회복을 위한 가장 효과적인 심리 기술이다. 그리고 그 시작은 타인의 말이나 외부의 조건이 아니라 내가 나 자신을 어떻게 바라보느냐에서 시작된다. '괜찮아. 넌 해낼 수 있어'라는 내면의 목소리를 다시 믿는 것, 그것이 용기다.

현대 사회는 끊임없이 결과를 요구하고 실수는 실패로 간주된다. 이 속에서 많은 이들이 '나는 부족하다', '나는 안 될 것이다'라는 자기 불신에 빠진다. 아들러는 이럴 때 가장 필요한 것이 바로 '용기를 회복하는 성험'이라고 보았다.

사람은 누구나 실수하고 주저앉을 수 있다. 하지만 그때 누군가가 이렇게 말해준다면 어떨까? '괜찮아, 다시 해보자. 넌 충분히 할 수 있어.' 이 한마디는 단순한 말 그 이상이다. 그것은 그 사람을 향한 신뢰의 표현이자 가능성에 대한 긍정이다.

아들러가 말한 진짜 용기 부여는 '결과'를 칭찬하는 것이 아니라 '노력하는 존재로서의 나'를 인정하는 일이다. 예를 들어 아이가 시험에서 좋은 성적을 받지 못했더라도 '넌 정말 열심히 준비했구나'라고 말하는 것. 그 한마디는 아이의 자존감을 지키고 다시 도전할 수 있는 에너지를 만들어준다.

우리는 칭찬보다 격려가 더 필요한 존재다. 왜냐하면 칭찬은 비교와 조건 속에서 나오지만 격려는 존재 자체를 인정하는 데서 나오기 때문이다.

격려보다 평가가 먼저인 사회

우리는 지금 평가와 판단이 일상처럼 작동하는 사회에 살고 있다. 학창 시절엔 시험 점수가, 사회에 나와선 실적과 성과가 존재의 가치를 대신한다. 누군가를 소개할 때조차 그 사람이 가진 '타이틀'이나 '스펙'이 먼저 언급된다. 이러한 문화는 단순한 정보 전달을 넘어서 인간 존재 자체를 하나의 '수치'로 요약해버린다.

한국 사회는 OECD 국가들 가운데에서도 특히 평가 중심 문화가 강하다. 연간 평균 노동 시간이 OECD 평균을 크게 상회하며, 청소년은 PISA 성적이 상위권임에도 불구하고 높은 우울감과 자살률을 보인다. 이는 단지 경쟁이 치열해서가 아니다. 잘해야만 가치 있다고 여기는 사고방식이 사회 전반에 내면화된 결과다.

이러한 구조 안에서 우리는 자연스럽게 '내가 어떤 사람인가'

보다 '내가 얼마나 잘했는가'를 중심에 둔다. 평가 기준은 점점 정교해지고 판단은 빠르게 이뤄진다. 실패는 능력 부족이 아니라 존재의 무가치함으로 연결되고 실수는 곧 자격 미달의 낙인이 된다. 이 속에서 우리는 자신에게조차 점수를 매기고 자기 존재를 의심하게 된다.

아들러는 바로 이 지점에서 문제를 짚었다. 그는 인간의 정신적 고통이 '실패' 그 자체보다 실패했을 때 받게 되는 판단과 낙인에서 비롯된다고 보았다. 그리고 그 대안으로 '격려encouragement'를 제시했다.

그러나 지금 우리 사회는 격려보다 평가에, 가능성보다 성과에, 존재보다 결과에 더 큰 무게를 두고 있다. 아이가 넘어졌을 때 '왜 조심하지 않았어?'라고 묻는 사회, 누군가 힘들다고 말하면 '그 정도도 못 버텨?'라고 반문하는 사회, 시도보다 실수를 먼저 지적하는 사회. 이 사회는 너 많은 '용기 없는 사람'을 만들어내고 있다.

이런 환경에서 '격려'는 설 자리를 잃는다. 실패했을 때 '괜찮아. 다시 해보자'는 말은 현실과 동떨어진 소리로 들리기 쉽다. 왜냐하면 우리는 결과로만 존재를 증명해야 하는 곳에 살고 있기 때문이다.

그러나 아들러는 말한다. 인간의 심리적 건강은 성과나 외부 기준이 아닌 '지금 이 순간에도 나는 의미 있는 존재'라는 자각에서 비롯된다고. 진짜 용기 부여는 누군가가 잘했기 때문에 하는 말이 아니다. 오히려 잘되지 않을 때, 흔들리고 있을 때 그래도 괜찮다고 말해주는 신뢰다. 아들러는 그 신뢰가 결국 다시 일어서는 힘이 된다고 보았다. 평가보다 격려가, 판단보다 공감이 더 필요한 시대다. 그리고 그 전환은 우리 안의 시선을 바꾸는 작은 용기에서 시작된다.

진짜 용기 부여는 이 평가 중심 구조를 비트는 태도다. 그것은 누군가의 성과가 아니라 그가 다시 일어설 수 있다는 가능성을 믿는 시선이다. 존재 자체에 가치를 부여하는 격려의 힘은 결국 평가로 환원될 수 없는 인간의 존엄성을 회복하는 일을 이뤄낸다. 지금 우리에게 필요한 건 더 많은 평가가 아니라 더 많은 격려다. '너는 그 자체로 괜찮은 사람이야'라는 말을 주고받을 수 있는 사회, 그것이야말로 진짜 건강한 공동체다.

나답게 산다는 것만으로도 충분하다

결국 아들러가 말한 '용기 부여'란 누군가가 특별히 뛰어나서가

불안해도 괜찮습니다

아니라 그 사람이 '존재하고 있음' 자체를 인정하는 태도다. 그리고 그 인정은 외적인 성취보다 훨씬 더 깊은 위로와 에너지를 상대방에게 준다. 지금 우리 사회는 너무 많은 사람들이 '더 잘해야만 인정받을 수 있다'는 신념 아래 살아간다. 그래서 지치고 움츠러들고 점점 자기 자신을 의심하게 된다. 하지만 진짜 건강한 삶은 그렇게 완벽을 향해 달리는 삶이 아니다.

누구보다 앞서지 않아도 괜찮다. 특별한 성과가 없어도 괜찮다. 우리는 '그냥 나답게' 살아가는 것만으로도 충분히 격려받을 자격이 있다. 아들러는 그 사실을 끊임없이 상기시킨다. 인간은 완전하지 않다. 그렇기에 우리는 '완벽함'이 아니라 '성실함'으로, '비교'가 아니라 '존재'로 평가받아야 한다. 그리고 그 평가가 아닌 존재 자체에 대한 격려가 우리를 살게 한다.

'너는 지금 이 모습으로도 충분하다.'

이 문장은 단순한 위로가 아니다. 그것은 인간 존재에 대한 가장 깊은 신뢰이며 자기 자신을 믿고 살아갈 수 있는 힘의 근원이다. 나답게 살아가는 것. 그것이야말로 지금 시대에 우리

가 서로에게 해줄 수 있는 가장 큰 격려이자 아들러가 말한 삶
의 핵심 메시지다.

진짜 사랑은 상대를 내 방식대로 바꾸는 것이 아니라,
있는 그대로 수용하는 데서 출발한다.

Adlerian Psychology

4부
____
불안,
이제는 내 편으로 만들기

Day 25

불안한 마음을
피하지 말고 안아주기

불안은 과장된 감정일 뿐이다

아들러는 인간이 느끼는 불안과 두려움의 본질을 '과장된 감정 exaggerated emotion'으로 설명했다. 그는 사람들이 현실보다 훨씬 더 크게 불안을 키우는 경향이 있다고 보았다. 불안 자체가 문제가 아니라 그 불안을 통해 '하지 않기 위한 이유'를 만들어내는 행태가 문제라는 것이다. 다시 말해 불안은 종종 책임회피나 시도 자체를 포기하고 싶은 마음을 정당화시키는 수단이 되기도 한다.

　아들러가 강조한 '불안의 과장성'은 바로 여기에서 드러난다.

불안은 현실적 근거에서 비롯된 것이 아니라 마음속에서 만들어진 허구적 목적을 지키기 위한 경고음으로 작동한다. 그리고 진짜 문제는 두려움을 '느끼는 것'이 아니라 그 두려움이 '행동을 멈추게 만들 때'다. 예컨대 '사람들 앞에 서기 싫다', '실패하면 어떡하지'라는 불안한 감정을 느끼는 것은 그 자체로는 문제가 되지 않는다. 그러나 그 순간 우리의 뇌는 행동이 아닌 회피를 선택하려 든다. 성과를 생각하기보다 불안하지 않을 안전한 환경만 찾는 것이다. 이러한 경향성avoidance pattern은 불안을 더욱 강화하고 결국엔 성장의 기회를 막아버린다.

예를 들어 어떤 사람이 '사람들 앞에서 말하는 게 너무 두려워요'라고 말할 때 아들러는 묻는다. '정말로 말하기가 불가능해서 그런가요? 아니면 그 상황을 피하고 싶은 이유가 있어서 그런가요?' 아들러에 따르면 많은 경우 사람들은 무의식적으로 실패 가능성을 과장하거나 창피를 당할 가능성을 극단적으로 부풀림으로써 그 상황에 나서지 않으려 한다. 그러나 그 감정은 실제 위험보다 훨씬 과장된 것이고 우리를 현실에서 도망치게 만든다. 그는 이런 감정의 과장을 통해 자신이 감당해야 할 과제에서 벗어나려는 인간의 심리를 날카롭게 꿰뚫었다. 즉, 불안은 그저 느끼는 것이 아니라 무의식적으로 선택되고 증폭된 감정일 수 있다.

중요한 건 우리가 그 감정을 의심해볼 수 있다는 사실이다. 아들러는 불안을 없애라고 하지 않았다. 다만 그 불안이 '현실의 위험'이 아니라 '내가 만든 상상의 거울'에 불과할 수 있다는 걸 인식하라고 했다. 그리고 그 인식이야말로 우리가 그 감정에 휘둘리지 않고 다시 한 걸음을 내딛게 해주는 열쇠다.

불안은 막을 수 없는 감정이지만 극복할 수 있는 감정이다. 그것은 내가 만든 두려움이자 내가 통제할 수 있는 감정이기도 하다. 아들러가 강조한 대로 우리가 감정을 목적적으로 이해할 수 있다면 그 감정에 끌려가지 않고 주도적으로 삶을 선택할 수 있다. 그리고 그 순간부터 우리는 더 이상 불안에 휘둘리지 않는 삶을 살아가게 된다.

죄책감에 빠지기 쉬운 사람들의 공통점

아들러는 인간이 느끼는 불안이나 죄책감과 같은 감정을 단순한 감정 반응으로 보지 않았다. 그는 이 감정들이 대개 과장된 것이며 어떠한 목적을 내포하고 있다고 주장했다. 무의식적으로 현실의 책임이나 도전을 회피하고자 할 때 등장하는 심리적 전략이라는 것이다.

불안해도 괜찮습니다

예를 들어 불안은 흔히 '나는 준비가 안 됐어', '이건 나와 맞지 않아', '실패할 게 뻔해' 같은 생각으로 표현되며 시도하지 않아도 되는 합리화된 이유로 작동한다. 이때 불안은 단순한 두려움이 아니라 도전을 하지 않기 위한 핑계이자 자기보호 장치다. 죄책감도 마찬가지다. 겉으로는 '내가 너무 부족했어', '내가 잘못했어'처럼 자기비난의 형태를 띠지만, 실제로는 그 감정에 머무름으로써 앞으로 나아가는 실천을 미루는 경우가 많다.

죄책감은 어떤 행동의 책임을 느끼는 것으로 보이지만 실상은 '내가 괴로워하는 걸로 벌은 이미 받았어'라는 식으로, 행동하지 않아도 되는 알리바이로 작동하기도 한다. 아들러는 이것을 "감정을 행동보다 앞세워 목적을 달성하려는 비생산적 전략"이라고 설명했다. 즉, 불안은 도전을 피하기 위한 수단이 될 수 있고 죄책감은 변화를 미루기 위한 도구가 될 수 있다.

이처럼 아들러는 인간의 감정을 정적이거나 수동적인 것이 아닌, 목적지향적인 행동의 일부로 바라봤다. 그렇기에 그는 감정을 없애거나 부정하려 하기보다는 그 감정이 나를 어디로 데려가려는지를 살펴보라고 조언한다.

그렇다면 왜 어떤 사람들은 죄책감이라는 감정에 유난히 깊이 빠져드는가? 아들러는 이 질문에 대해 몇 가지 공통적인 심리적 유형을 제시했다.

첫째 타인의 기대를 내면화한 사람들이다. 이들은 어릴 적부터 '이렇게 해야 착한 아이야', '너는 항상 잘해야 해'와 같은 메시지를 반복적으로 받아왔다. 그 결과 자신의 행동이 누군가의 기대에 미치지 못했을 때 그것을 '도덕적 실패'로 받아들인다. 자신이 조금이라도 실수했을 때 과도하게 죄책감을 느끼며 이는 자기비난과 위축으로 이어진다. 아들러는 이런 유형의 사람들에게 '완벽하지 않아도 괜찮다'는 내적 메시지를 회복하는 것이 필요하다고 조언한다.

둘째 관계 중심적인 사람들이다. 특히 '좋은 사람 콤플렉스'를 가진 사람들도 죄책감에 취약하다. 이들은 갈등을 회피하고 타인의 기분을 우선시하며 살아간다. 그래서 누군가와 불화를 겪거나 실망을 줬다고 느끼면 쉽게 '내가 다 잘못했어'라는 식으로 자기 탓을 한다. 이런 심리는 자신을 희생함으로써 관계를 유지하려는 심리적 전략이기도 하다. 하지만 아들러는 말한다. 진정한 관계는 책임을 나누는 것이지, 죄책감으로 유지되는 관계는 결코 건강하지 않다고 말이다.

셋째 변화에 대한 두려움이 큰 사람들이다. 이들은 현재의 삶이 힘들고 고통스럽더라도, 변화를 시도하는 대신 '내가 이런 선택을 했으니 이렇게 살아야지'라며 과거의 선택을 반복적으로 자책하는 경향이 있다. 죄책감은 이들에게 '지금 당장 변화하지 않아도 되는 명분'이 되어준다. 아들러는 이런 상태를 놓고 "현재의 회피를 위한 감정적 보호막"이라고 지적하며, 죄책감이 아니라 '지금 여기에서의 작은 행동'이 삶을 바꾸는 유일한 방법이라고 강조했다.

결국 죄책감은 우리를 성찰하게도 하지만, 쉽게 빠져들면 '자기 벌주기'로 흐를 수 있다. 죄책감은 느끼되, 머물지 않아야 한다. 중요한 것은 그 감정으로부터 무엇을 할 것인가이다. 그리고 아들러는 우리 모두가 그 한 걸음을 내디딜 수 있는 용기를 가질 수 있다고 믿었다.

결국은 내가 나를 안아주어야 한다

우리는 때로 너무 쉽게 나 자신에게 가혹해진다. 실수하면 스스로를 질책하고 불안하면 나약하다고 여긴다. 죄책감에 빠지면 그 감정 속에 자신을 가두고 거기서 빠져나올 수 없다고 믿는다.

하지만 아들러는 말한다. 불안도 죄책감도 모두 우리가 만들어낸 '과장된 감정'일 수 있으며, 그 감정을 품은 나 자신을 이해하고 안아주는 것이야말로 회복의 시작이라고. 그는 인간이 심리적으로 무너지는 가장 큰 이유는 실패나 고통이 아니라 그런 자신을 받아들이지 못하는 데 있다고 보았다.

누군가를 위로할 때 우리는 이렇게 말한다.

'괜찮아, 네 잘못이 아니야.'
'지금 충분히 잘하고 있어.'

하지만 그 말이 가장 필요한 대상은 사실 우리 자신이다. 내가 나에게 이렇게 말할 수 있을 때 우리는 더 이상 감정에 휘둘리지 않는다. 결국은 내가 나의 편이 되어야 한다. 세상이 나를 몰라줘도, 남들이 내 감정을 이해하지 못해도, 내가 나를 안아줄 수 있다면 우리는 다시 일어설 수 있다.

불안한 나, 실수한 나, 주저하는 나까지도 품어줄 수 있는 사람. 그 사람이 곧 진짜 강한 사람이다. 아들러가 우리에게 전하고자 했던 가장 큰 격려는 바로 그런 삶의 태도였다. '불완전해도 괜찮다'는 내면의 목소리 하나가 다시 나를 일으켜 세운다. 그리고 그 순간부터 우리는 비로소 나답게 살아갈 준비를 마친 것이다.

불안해도 괜찮습니다

Day 26

실패해도
괜찮은 이유

실패는 '존재의 무가치함'과 연결되지 않는다

아들러는 인간이 느끼는 '실패의 두려움' 이면에 깊은 심리적 오
해가 있다고 보았다. 사람들은 종종 실패를 단지 하나의 사건이
나 결과로 받아들이지 못하고, 그것을 자기 존재 전체로 확장해
해석한다. 예를 들어 시험에 떨어지거나, 연애에 실패하거나, 회
사에서 좋은 평가를 받지 못하는 일이 생기면 그 실패가 곧 '나는
쓸모없는 사람이다'라는 식의 자기 부정으로 이어지는 것이다.

그러나 아들러는 분명히 말했다.

"실패는 존재의 실패가 아니다."

실수나 실패는 단지 특정 상황에서의 결과일 뿐, 인간 존재 전체의 가치를 평가할 수 있는 근거가 될 수 없다는 것이다. 이 때 핵심이 되는 것이 바로 자존감self-esteem이다. 아들러는 자존 감을, 성취나 평가를 통해 얻는 것이 아니라 그 자체로 갖고 있 어야 할 '존재의 기본 신뢰'로 보았다. 내가 지금 무언가를 잘하 고 있지 않더라도, 남들보다 뒤처졌다고 느끼더라도 나는 누구 와도 비교될 수 없는 고유한 존재이며 그 자체로 의미가 있다는 믿음이 자존감의 핵심이다.

그러나 현실에서 많은 사람들이 이 기본적인 자기 신뢰를 잃 은 채 살고 있다. 특히 어린 시절부터 반복적으로 비교 평가를 받아온 이들은 '나는 부족한 사람'이라는 고정관념을 내면화하 고 타인의 기준에 휘둘리며 자신의 가치를 쉽게 재단하게 된다.

아들러는 이를 '보상심리compensation'라고 설명했다. 낮은 자존 감에서 비롯된 '불충분함'은 반드시 무언가로 보상받고자 하는 강박을 낳는다. 그래서 우리는 더 좋은 결과, 더 높은 성과, 더 완벽한 모습으로 인정받으려 하고 그래야만 자신이 가치 있다고 느끼게 되는 구조에 갇히게 된다.

그러나 그 보상은 결코 우리를 충분하게 만들어주지 못한다. 왜냐하면 출발점이 '나는 지금 부족하다'는 전제이기 때문이다. 아무리 성과를 거두고 타인의 인정을 받아도 그 전제가 바뀌지 않는 한 우리는 여전히 불안하고 실패 앞에 쉽게 무너진다.

그래서 아들러는 말한다. 자존감은 타인이 채워주는 것이 아니라 내가 나 자신에게 줄 수 있는 격려에서 시작된다고. '실패했지만 나는 여전히 나야'라고 말해주는 내면의 목소리, 그것이 자존감의 진짜 뿌리다. 이 목소리를 키우는 것이 바로 '자존감 훈련'이다. 누군가의 인정이나 성과가 아닌 나 자신을 있는 그대로 응원해주는 훈련, 그것은 내가 넘어섰을 때, 주저앉았을 때 더욱더 필요한 일이다.

우리는 누구도 대신 살아줄 수 없는 삶을 살고 있다. 그렇기에 나만의 속도, 나만의 방식으로 살아가는 것을 포기하지 않아야 한다. 아들러는 인간의 위대함은 '완벽함'이 아니라 '불완전함 속에서도 다시 일어서는 용기'라고 말한다. 자존감이란 바로 그 용기를 잃지 않기 위한 내면의 중심이다.

내 안의 목소리를 바꾸는 연습

아들러는 '내면의 건강한 목소리를 기르기 위해 가장 먼저 해야 할 일은 내가 나 자신에게 어떤 말을 건네고 있는지 자각하는 것'이라고 말했다. 우리는 매일 스스로에게 얼마나 많은 부정적인 말을 하는지 모른다.

미국 심리학회American Psychological Association에 따르면 사람은 하루 평균 12,000~60,000개의 생각을 한다고 한다. 그런데 이 중 약 80%가 부정적인 내용이며, 그중 95%는 전날과 같은 생각의 반복이라는 연구 결과도 있다. 즉, 우리는 스스로 이러한 '자동부정사고'를 계속 재생하고 있다는 뜻이다.

이 자동부정사고는 우리가 자기도 모르게 녹음해놓은 자기비판의 내레이션과도 같다. 문제는 이 내레이션이 곧 현실로 인식되며 점차 삶의 기준이 된다는 점이다. 결국 자신감을 기대에서, 결과에서 찾으려 하게 만들고 작은 실패에도 자신을 부정하게 된다.

그렇다면 어떻게 이 부정적 내레이션을 멈출 수 있을까? 아들러는 가장 먼저 '내 안의 목소리를 들여다보는 훈련'이 필요하다고 말했다. 단순히 '내가 무슨 생각을 하고 있지?'라고 스스로 묻는 것만으로도 자동부정사고는 의식의 표면으로 올라온다. 그 순간 우리는 그 목소리에 휘둘리는 것이 아니라 목소리의 관찰자가 될 수 있다. 그리고 '이건 그냥 부정적 루프일 뿐이야. 지금 난 할 수 있어.' 같은 새로운 목소리를 얹을 수 있다.

구체적인 방법으로는 생각 기록하기, 자기 질문하기, 긍정-부정 문장 버디 만들기 같은 훈련이 있다. 예를 들어 '이번 시험을 망쳤다'는 생각이 들면, 그 생각을 기록에 옮기고 '그럼에도 불구하고 나는 준비했고 이것도 경험이야'라는 반응을 써보는 것이다. 이렇게 '부정 문장 – 대체 문장' 한 쌍을 만드는 연습을 반복하면 자동부정사고 루프가 점차 약해진다. 아들러는 이를 통해 '실패해도 나는 여전히 나야'라고 말해주는 내면의 목소리를 키울 수 있다고 보았다. 그리고 이 목소리는 외부 환경이 흔들릴 때마다 나를 붙잡아주는 심리적 중심점이 된다.

결국 자존감 훈련은 외부에서 인정받기 이전에 내 안에서 나자신을 인정하고 격려하는 습관을 만드는 일이다. 내면의 목소리를 바꾸면 삶 전체의 스토리가 달라진다. '나는 잘못했지만 그럼에도 불구하고 여전히 나다'라고 스스로 말할 수 있을 때 우리는 실패 앞에서도 흔들리지 않는 진짜 자신감을 회복하게 된다.

나는 실패해도 괜찮은 사람이다

우리는 실수하고 실패하고 때로는 주저앉기도 한다. 하지만 그 모든 순간이 '내가 잘못된 사람'이라는 증거가 되지는 않는다. 실패는 어디까지나 한 번의 경험일 뿐이지, 나라는 사람 전체를 규정짓는 정의가 될 수 없다. 우리가 이 사실을 진심으로 믿을 수 있다면 실패는 더 이상 우리를 무너뜨리는 게 아니라 성장의 방향을 알려주는 이정표가 된다.

진짜 자존감은 성공할 때만 나를 사랑하는 것이 아니다. 오히려 넘어졌을 때, 뜻대로 되지 않았을 때 스스로를 다시 일으켜 세우며 '그래도 나는 괜찮아'라고 말할 수 있는 내면의 힘이다.

이때 필요한 것이 바로 회복탄력성resilience이다. 회복탄력성은 고난이나 실패, 좌절을 겪은 뒤에도 다시 제자리를 찾아가는 심리적 복원력이다. 아들러가 말한 자존감과도 깊은 관련이 있다. 실패 앞에서 무너지지 않고 '나는 아직 가능성이 있어'라고 믿을 수 있는 힘, 그것이 회복탄력성이다.

그리고 그 힘은 하루아침에 생기지 않는다. 자기비난이 습관이 된 내면의 목소리를 천천히 바꾸고 나를 격려하는 문장을 매일 반복하며 실패한 나도 여전히 소중하다고 말하는 과정에서 그 힘은 조금씩 자라난다. 다시 일어설 수 있다는 내면의 확신,

불안해도 괜찮습니다

실수해도 괜찮다는 자기 수용, 그리고 언젠가는 다시 잘할 수 있다는 낙관적 기대가 회복탄력성을 구성하는 핵심 요소들이다.

자존감과 회복탄력성은 결국 하나의 뿌리에서 자란다. '나는 실패했지만 그럼에도 불구하고 괜찮은 사람이다'라고 말할 수 있는 사람은 삶의 어떤 시련 앞에서도 다시 걷기 시작할 수 있다. 그것이 진짜 자존감이고 진짜 강함이다.

우리는 누구나 실패한다. 그리고 우리는 누구나 실패해도 괜찮다. 왜냐하면 우리는 성과나 평가보다 훨씬 더 깊은 존재이기 때문이다. 나라는 사람은 하나의 결과로 판단될 수 없고 더 나아갈 수 있는 가능성을 품고 있는 존재다. 그래서 아들러는 묻는다.

'오늘 당신은 스스로를 어떻게 대하고 있나요?'

이 질문에 '나는 실패해도 괜찮은 사람이야'라고 대답할 수 있다면 당신은 이미 가장 중요한 자존감 훈련을 시작한 셈이다.

Day 27

불안은 성장을 위한
작은 불씨다

불완전함 위에 삶을 세우는 법

> '나는 불완전하다.'

이 자각은 많은 이들에게 부끄러움이나 수치심으로 다가온다.
그러나 아들러는 바로 이 지점에서부터 변화가 시작된다고 본
다. 그는 인간이 불완전함을 직면했을 때 두 가지 선택지를 마

주한다고 말한다. 하나는 회피와 정체이고 다른 하나는 '해방으로 이끄는 용기'다.

아들러는 "인간은 불완전하기 때문에 성장할 수 있는 존재"라고 말한다. 우리는 완벽하지 않기 때문에 새로운 걸 배우고 부족하기에 타인과 협력하며 실패했기에 더 나은 방향을 고민할 수 있다. 하지만 불완전함을 수용하는 일이 말처럼 쉽진 않다. 많은 이들이 그 결핍을 숨기거나 과도한 성취로 덮으려 한다. 또는 자신이 부족하다는 이유로 도전조차 포기한다.

불완전함을 어떻게 바라보느냐에 따라 우리의 삶은 전혀 다른 방향으로 흘러간다. 프로이트는 인간이 과거의 상처와 무의식에 지배받는 존재라고 보았다. 지금의 모습은 과거의 억압, 어린 시절의 결핍에서 비롯된 결과이며 그 과거를 들춰보고 이해해야 치유가 시작된다고 믿었다. 그렇기에 '불완전함'은 트라우마가 남긴 흔적이었고 그로부터 벗어나야만 온전해질 수 있었다.

하지만 아들러는 전혀 다른 시선을 제시했다. 그는 인간이 과거가 아닌 '미래에 설정한 목적'을 향해 스스로를 끌고 가는 존재라고 말한다. 우리가 느끼는 불완전함은 단지 상처나 결핍이 아니라, 지금보다 나은 삶을 살아가려는 '출발점'이라는 것이다. 다시 말해 불완전하기 때문에 우리는 성장할 수 있고 부족하기에 더 나은 방향을 고민할 수 있으며 실패했기에 진짜 삶의 의미를 찾게 되는 것이다.

이 지점에서 프로이트와 아들러는 명확히 갈린다. 프로이트가 '왜 그랬는가'를 묻는다면, 아들러는 '그럼 이제 어떻게 살아갈 것인가'를 묻는다. 아들러는 인간을 수동적 존재가 아니라 변화의 주체로 본다. 지금 내가 불완전하다고 느낀다면 그건 곧 내가 변화하고 싶다는 뜻이다. 숨기거나 부끄러워할 일이 아니다. 오히려 성장의 불씨가 피어난 순간이다.

아들러는 묻는다.

'당신은 지금, 어떤 수단으로
그 불완전함을 극복하려 하고 있는가?'

그는 불완전함을 감추기 위한 잘못된 수단들, 예컨대 남 탓, 회피, 포기, 과장된 허세가 오히려 우리를 더 깊은 열등감에 빠뜨린다고 보았다. 대신 아들러가 제안하는 것은 '올바른 수단' 즉, 나 자신을 직면하고 불완전함을 있는 그대로 수용한 후, 그 위에서 조금씩 앞으로 나아가려는 실천이다.

불안해도 괜찮습니다

불안은 이 실천의 시작점에서 가장 먼저 나타나는 감정이다. 불안은 우리가 변화의 문 앞에 서있다는 신호이다. 우리 삶에서 진짜 성장은 실패하지 않으려는 삶이 아니라 실패하더라도 나아가려는 태도 속에서 일어난다. 완벽함이 아니라 불완전함을 인정하고 책임지는 그 마음에서 진짜 자신감이 자라난다.

사랑은 불완전함을 품는 용기에서 시작된다

불완전함을 있는 그대로 받아들이는 태도는 비단 자기 자신에게만 필요한 것이 아니다. 아들러는 "타인을 수용할 줄 아는 사람이 사랑에서도 성공한다"고 말한다. 사랑이란 상대가 완벽해서 생기는 감정이 아니다. 오히려 그 사람이 가진 불완전함을 함께 끌어안고 변화하지 않아도 괜찮다고 느끼게 해주는 공간에서 진짜 사랑은 자라난다.

우리는 종종 사랑을 조건으로 착각한다. '이 사람이 이런 점만 고치면 더 좋을 텐데' 같은 생각은 관계를 끊임없이 수정하고 통제하려는 욕망으로 이어진다. 하지만 아들러는 그렇게 타인을 변화시키려는 시도는 결국 사랑의 실패로 이어진다고 본다. 진짜 사랑은 상대를 내 방식대로 바꾸는 것이 아니라, 있는 그대로 수용하는 데서 출발한다. 이 수용은 그 사람이 지금 부족해도, 자주 실수해도 그럼에도 불구하고 함께하고 싶다는 마음이다.

사랑에서 중요한 것은 '맞춤형 관계'가 아니라, '수용하는 관계'다. 아들러는 사랑을 '인생의 가장 높은 과제'라고 표현하면서, 이 과제에 성공하려면 반드시 두 가지 자질이 필요하다고 했다. 하나는 성숙한 용기이고 다른 하나는 평등한 존중이다. 성숙한 용기는 상대의 불완전함을 나의 기준으로 판단하지 않고 받아들이는 태도이며 평등한 존중은 관계 속에서 어느 한쪽이 우위에 서지 않도록 하는 배려다.

우리가 타인을 진정으로 사랑하려면 먼저 자기 자신에게도 그런 태도를 가질 수 있어야 한다. 자기 안의 불완전함을 외면하지 않고 수용할 수 있는 사람만이 타인의 부족함을 있는 그대로 품을 수 있다. 그래서 사랑은 늘 자신에게서부터 시작된다.

'나는 나를 사랑할 준비가 되었는가?'
'나는 내 불완전함을 미워하지 않고
받아들일 수 있는가?'

불안해도 괜찮습니다

아들러는 말한다. 인간의 심리적 문제는 대부분 '사랑할 수 없다는 감정'에서 시작된다고 말이다. 우리는 완벽한 사람이 되어서 사랑받는 것이 아니다. 오히려 불완전한 나로서 누군가와 연결되고 함께 웃고 상처받고 회복할 수 있을 때 비로소 사랑이 시작된다. 그리고 그 사랑이야말로 인간이 삶을 살아가는 이유이며 가장 깊은 치유의 시작이다.

불완전함을 끌어안는 태도, 성장의 시작

아들러는 인간의 불완전함을 '결핍'이 아니라 '출발점'으로 보았다. 우리는 불완전하기에 배우고 부족하기에 연결되며 실패하기에 성장할 수 있는 것이다. 그렇기에 인간은 완벽하지 않아도 괜찮다. 중요한 건 그 불완전함을 회피하지 않고 직면하는 용기다.

그리고 그 용기는 사랑에서도 마찬가지로 작동한다. 진짜 사랑은 완벽한 사람끼리의 교감이 아니다. 서로의 부족함을 인정하고 때론 실망하면서도 그 사람을 계속 바라보는 태도에서 비롯된다. 우리는 타인을 있는 그대로 받아들이는 법을 배울 때 비로소 자기 자신도 품을 수 있게 된다. 반대로 자기 자신을 미워하는 사람은 타인의 결핍도 참아내기 어렵다.

결국 불완전함을 끌어안는 태도는 삶의 모든 관계를 관통하는 핵심이다. 인간은 관계 속에서 살아간다. 가족, 친구, 연인, 동료 간의 그 어떤 관계도 완벽한 사람들 사이에서만 유지되는 법은 없다. 오히려 모든 관계는 서로의 부족함을 받아들이고 실망을 견디며 때론 갈등을 넘어 함께 가는 과정을 통해 단단해진다. 누군가의 결핍을 이해하고 그의 미완성됨을 존중하는 태도는 단순한 인내가 아니라 성숙한 사랑의 표현이다.

그리고 그 사랑은 나 자신에게도 똑같이 필요하다. 내가 나의 실수와 미숙함을 탓하기보다 그것까지 나의 일부로 품을 수 있을 때 우리는 진짜 회복의 길에 들어선다. 결국 인간관계에서 반복되는 많은 갈등과 단절의 근원에는 '있는 그대로의 상대'를 받아들이지 못하는 마음이 있다.

아들러가 말했듯 수용 없는 관계에는 깊은 연결이 있을 수 없고 자기 수용 없는 삶에는 건강한 정신이 있을 수 없다. 불완전함을 수용하는 태도는 단지 나를 위한 것이 아니라 타인과의 관계를 지켜내기 위한 근본적인 기반이다. 우리가 서로를 조금 더 느슨하게, 조금 더 따뜻하게 바라볼 수 있을 때 삶은 덜 긴장되고 더 안전한 공간이 된다.

이처럼 불완전함을 끌어안는 용기는 내면의 자존감이기도 하며 타인과 연결되는 가장 본질적인 힘이기도 하다. 그러므로 우리는 더 나아지기 위해서만이 아니라 지금 이대로도 충분히 괜찮으며 더 좋은 관계를 맺을 수 있다는 믿음을 품고 살아가야 한다. 그 믿음이야말로 개개인의 존재가 서로를 지지할 수 있는 가장 단단한 토대다.

Day 28

나를 지키는
작은 성공 쌓기

성장의 한계는 결코 예언할 수 없다

아들러는 인간의 가능성에 대해 누구보다 낙관적인 시선을 가졌다. 지금 어떤 모습이든 그 사람의 미래를 단정 지을 수는 없다는 뜻이다. 현재의 부족함이나 느린 속도는 성장하지 못할 이유가 되지 않는다. 문제는 '어디까지 갈 수 있는가'가 아니라 '지금 이 자리에서 무엇을 시작할 수 있는가'이다.

　우리는 종종 현재의 모습으로 미래를 판단한다. '나는 원래 이래', '지금까지 이런 걸 보면 앞으로도 별 수 없을 거야'라는 말로 자신의 가능성을 단정 짓는다. 하지만 아들러는 그 어떤 전문가도, 부모도, 심지어 본인조차도 자신의 성장 한계를 예측할 수 없다고 말한다. 왜냐하면 성장이란 작은 성공의 반복으로 이루어지는 과정이기 때문이다.

이 작은 성공은 결코 화려하지 않다. 오늘 아침 침대에서 일어났다는 사실, 어제보다 더 천천히라도 말할 수 있었다는 경험, 누군가에게 먼저 인사를 건넸다는 행동 하나가 '작은 성공'이다. 아들러는 특히 아이들을 대할 때 이 작은 성공을 얼마나 자주 경험하게 하느냐가 그 아이의 성장 속도를 결정한다고 말했다. 그것이 곧 '용기의 근육'을 키우는 방식이기 때문이다.

학교도 마찬가지다. 학교란 지식을 주입하는 공간이 아니라, '아이 스스로가 성장할 수 있다고 믿게 하는 곳'이어야 한다. 교사는 아이의 부족함을 들춰내는 사람이 아니라, 그 안에서 작은 진보를 발견하고 그것을 말해주는 사람이어야 한다. 아들러는 교사야말로 '열린 마음을 가진 심리학자'여야 한다고 했다. 현재의 문제행동을 그 아이의 전부로 보지 않고 변화 가능성의 씨앗을 찾아낼 수 있어야 하기 때문이다.

누구에게나 결함은 있다. 하지만 그 결함을 '극복 가능한 것'으로 보느냐, '고정된 낙인'으로 보느냐에 따라 성장의 방향은 완전히 달라진다. 아들러는 유아기일수록 이 개선이 더욱 빠르게 일어난다고 강조한다. 그만큼 초기에 만나는 '지지의 경험', '성공의 경험'이 중요하다는 뜻이다.

이 메시지는 어른에게도 그대로 적용된다. 지금 당신이 어떤 모습이든, 과거에 어떤 실패를 반복했든 그것이 당신의 한계를 증명해주는 건 아니다. 당신이 아직 단 한 번도 시도하지 않은 방식이 있고 단 한 걸음도 내딛지 않은 길이 있기 때문이다. 그렇기에 아들러는 '작은 성공'을 절대 과소평가하지 말라고 말한다. 작은 성공은 자존감의 씨앗이고 자기 신뢰의 첫 증거이며 불안을 딛고 앞으로 나아갈 수 있는 유일한 디딤돌이다.

지금의 작은 성공이 모여 내일의 큰 변화를 만든다. 중요한 건 '성공하겠다'는 거대한 결심이 아니라 '한 걸음 내디딜 수 있다'는 작고 조용한 용기다. 그리고 그 용기 하나가 우리의 성장 가능성을 끝없이 확장시켜줄 수 있다.

아들러가 말하는 진짜 교육의 의미

교육은 시대의 거울이다. 그 시대가 인간을 어떻게 바라보는지, 어떤 사회를 만들고자 하는지가 교육과정과 학교 이념 속에 고 스란히 담겨 있다. 산업화 시기에는 효율과 규율이 핵심 가치였다. 학교는 '인재 생산 시스템'처럼 운영되었고, 교육은 정답을 빠르게 찾는 아이를 '우수'로 간주했다. 표준화된 시험, 서열화된 성적표, 획일적인 커리큘럼이 교육의 중심이 되었다. 그러나 인간의 성장이라는 것은 언제나 수치와 등수로는 설명되지 않는 방향성을 갖고 있었다.

20세기 중반 이후부터 교육은 점차 '지식 전달'에서 '전인적 성장'으로 그 중심축을 옮기기 시작했다. 학교는 단지 지식을 배우는 곳이 아니라 '인간으로 살아가는 방법'을 익히는 공간이어야 한다. 그리고 이 변화의 중심에는 반드시 '교사'가 있다. 교사는 더 이상 정보를 전달하는 강의자가 아니라 아이의 성장 가능성을 발견하는 '관찰자'이자 때로는 '동행자'가 되어야 한다.

아들러는 교사를 '심리적 응원자'로 보았다. 그는 교사가 아이의 행동을 문제로 보기 전에 그 행동이 어떤 목적에서 비롯되었는지를 묻는 시선을 가져야 한다고 말한다. 아이가 수업을 방해하거나 집중하지 못하는 건 '지능의 결핍'이 아니라 '소속의 경험이 약한 상태'일 수 있기 때문이다.

교사가 아이를 돕는 것은 아이의 문제를 고쳐야 할 결함으로 보지 않는 데서부터 시작된다. 오히려 아이가 '나는 괜찮은 존재야. 나도 할 수 있어'라고 느낄 수 있도록 작은 성공의 경험을 만들어주는 것이 교사의 역할이다. 그것이 곧 아이의 자존감을 지탱해주는 가장 강력한 교육이다.

아이를 바라보는 어른의 시선이 바뀔 때 그 어른 또한 치유되고 성장한다. 아들러는 인간이 가장 강하게 자기효능감을 느끼는 순간을 '누군가에게 기여하고 있다는 감각'에서 찾았다. 교사가 아이에게 '너는 할 수 있어'라고 말하며 지지하는 순간, 사실은 교사 자신의 내면에도 '나 역시 누군가의 성장을 도울 수 있는 사람'이라는 확신이 심어진다.

어른은 아이의 거울이고 아이는 어른의 또 다른 가능성이다. 교사가 아이를 격려하고 아이가 변화하는 모습을 볼 때 교사 역시 삶의 의미를 되찾는다. 이것은 교육의 선순환이다. 지식을 전달하는 데 머무는 교육은 '직업'이지만, 함께 살아가는 방식을 배우고 가르치는 교육은 '삶'이다. 그리고 그 삶의 한가운데에서 우리는 서로의 존재를 확인하고 함께 성장해간다.

결국 아들러가 말한 진짜 교육이란 '인간이 서로의 가능성을 확인하고 용기를 주고받는 관계적 경험'이다. 그렇게 아이는 스스로를 믿는 법을 배우고 어른은 누군가의 가능성을 키우며 자기 삶의 의미를 되찾는다. 그러므로 교육이란 단지 학교에만 머무는 일이 아니라 우리 모두가 서로의 삶을 지지해주는 공동체의 일이 되어야 한다. 지금 이 순간 나의 말 한마디가 누군가의 가능성을 일으킬 수 있다는 믿음. 그 믿음이 곧 진짜 교육의 출발점이다.

작은 성공이 쌓일수록, 우리는 스스로를 지킬 수 있다

우리는 종종 커다란 변화와 뚜렷한 성취만을 '성장'이라고 생각한다. 하지만 진짜 성장은 눈에 띄지 않는 작고 사소한 실천에서 시작된다. 아들러가 말했듯 인간의 성장은 결코 선형적이지 않다. 어떤 사람은 늦게 꽃피우고 어떤 사람은 멈춰있는 듯 보이다가도 어느 순간 도약한다. 그래서 지금의 모습만으로 자신의 가능성을 예단해서는 안 된다. 그 한 걸음은 비록 삭너라도 내일을 위한 뿌리가 되어줄 수 있기 때문이다.

　이런 아들러의 통찰은 제임스 클리어James Clear의 『아주 작은 습관의 힘Atomic Habits』에서 더욱 구체적이고 과학적인 언어로 확장된다. 제임스 클리어는 행동 변화 전문가이자 습관 형성 분야에서 세계적으로 영향력 있는 작가다. 그는 크고 거창한 결심이 아니라 작고 반복 가능한 습관이야말로 인생을 바꾸는 핵심 도구라고 말한다.

그는 '하루 1%의 개선'을 예로 들며 말한다. "만약 당신이 매일 1%씩 나아진다면, 1년 후 당신은 지금보다 37배 더 나아진 사람이 될 수 있다." 매일 같은 정도의 1%가 개선되는 것이 아니라 그 전날보다 나아진 나의 1%가 개선되는 것이니 절대적인 변화의 폭이 갈수록 커지기 때문이다. 이는 변화가 선형적이 아니라 기하급수적으로 축적된다는 원리를 보여준다. 반대로 매일 1%씩 나빠진다면 1년 뒤에는 거의 아무것도 남지 않게 된다는 경고도 함께 담겨 있다.

클리어는 이를 '얼음의 임계점' 비유로 설명한다. 온도가 0도에서 1도로 움직일 땐 물이 겉으론 아무 변화가 없다. 하지만 온도가 조금씩 쌓이다가 1도, 2도, 3도를 지나 어느 순간 갑자기 얼음이 녹기 시작한다. 그 전까지의 변화들은 보이지는 않았어도 조금씩 축적되어 변화의 조건을 만들어내고 있었다. 마찬가지로 우리의 습관도 처음엔 아무런 변화가 없어 보이지만 임계점을 넘는 순간 거대한 전환을 만들어낸다.

이런 관점에서 작은 습관은 단지 '행동의 반복'이 아니다. 그것은 정체성의 표현이다. 제임스 클리어는 말한다. "사람들은 결과를 바꾸려 하지만 진짜 변화는 정체성을 바꾸는 데서 시작된다." 매일 운동하는 사람은 단지 몸을 만드는 것이 아니라 '나는 자기관리가 가능한 사람이다'라는 새로운 자아상을 쌓아가고 있는 것이다.

아들러가 말한 '작은 성공을 통해 용기의 근육을 키우는 과정'은 클리어가 말하는 '작은 습관을 통해 정체성을 재정의하는 과정'과 정확히 일치한다. 결국 변화란 거창한 선언이 아니라 '오늘 내가 어떤 사람처럼 살았는가?'라는 작고 반복적인 선택에서 시작된다. 그리고 이 선택들이 모여 우리가 그리는 삶의 방향이 정해진다. 그렇기에 어제와 다른 오늘의 1%는 절대 작은 변화가 아니다. 그것은 나를 바꾸는 가장 강력한 시작이다.

우리가 매일 반복하는 작고 일상적인 행동들이 쌓여 우리의 인격을 만들고 삶의 방향을 바꾼다. 결국 '작은 성공'이란 변화의 씨앗이며 미래의 토대다. 그러므로 자신을 믿는다는 건 대단한 성과를 예고하는 것이 아니다. 지금 이 순간 아주 작지만 의미 있는 한 걸음을 내딛는 선택을 하는 것이다. 그 선택들이 쌓여, 우리는 언젠가 자신도 놀랄 만큼 멀리 도달해 있을 것이다. 그리고 그 모든 출발은 매일매일 나를 지키는 '작은 성공' 하나에서 비롯된다.

Day 29

불안이 알려주는
진짜 메시지 읽기

타인에게 의존할수록 불안은 커진다

아들러는 인간의 심리적 불안을 단지 감정의 문제가 아니라 '삶의 태도'와 깊이 연결된 문제로 바라보았다. 그는 특히 타인에게 인정받고자 하는 강박이 클수록 불안은 커진다고 보았다. 왜냐하면 자신의 가치를 타인의 시선에 맡겨버리는 순간 우리는 언제든 흔들릴 수 있기 때문이다. 누군가가 나를 어떻게 생각할지, 내 선택이 비난받지는 않을지, 내가 사랑받을 자격이 있는 사람인지 끊임없이 외부를 의식하게 되면 불안은 삶의 기본 배경이 된다.

스스로를 충분히 인정하지 못하는 사람은 타인을 통해 자기 존재를 증명하려 한다. 그래서 그들은 관계 안에서 사랑받기 위해 애쓰고 인정받기 위해 눈치를 본다. 이처럼 끊임없이 외부를 붙잡으려 할수록 불안은 점점 커지고 타인 없이는 스스로를 지탱할 수 없다는 무기력감에 빠진다.

사랑을 붙드는 데 집착하는 이유도 결국 자신을 사랑하지 못하기 때문이다. 내가 나를 충분히 안아주지 못하면 타인을 통해 그 공백을 메우려 한다. 그리고 그 관계가 흔들릴 때마다 불안은 폭발적으로 커진다.

우리는 종종 이런 불안을 관계 문제로 포장하지만, 아들러는 말한다. 불안은 타인을 잃을까 봐 두려운 감정이 아니라 나 자신을 믿지 못해 생기는 신호라고. 그리고 그 신호를 무시하거나 없애려 애쓸 것이 아니라 그 안에 담긴 진짜 메시지를 읽어야 한다고.

그 메시지는 명확하다.

'타인의 눈이 아니라
자신의 시선으로 자신을 바라보아야 한다.'

관계에 중독된 사람일수록 불안은 더 커진다. 그것은 사랑의 문제가 아니라 자기존중의 문제다. 내가 나를 인정하지 않는 한 그 어떤 사랑도, 그 어떤 인정도 우리의 불안을 잠재울 수 없다.

두려워하는 아이가 내 안에 남아있다

아들러는 인간의 불안이 종종 어린 시절의 '관계 경험'에서 비롯된다고 보았다. 특히 부모나 보호자와의 관계에서 충분한 수용과 지지를 경험하지 못한 아이는 '나는 조건을 충족해야만 사랑받을 수 있다'는 신념을 내면화하게 된다. 이런 아이는 성장하면서도 여전히 그때의 불안한 감정을 품고 살아간다. 말하자면 '두려워하는 아이'가 내 안에 남아있는 것이다.

아들러는 이를 '관계의 분리 경험'으로 설명했다. 애착의 단절 또는 충분히 지지받지 못한 관계에서 자란 아이는 타인의 인정 없이는 자기 존재를 확신하지 못하게 된다. 자립이 아닌 타인 의존적 방식으로 자기를 유지하려는 성향이 자리 잡는다. 그리고 이 의존은 성인이 되어서도 지속되어 누군가가 나를 싫어할까 봐, 인정하지 않을까 봐 끊임없이 불안에 시달리게 만든다. 결국 타인에게 맞추며 눈치를 보는 삶은 그 불안의 재현이며 해결되지 않은 어린 시절 감정의 반복인 셈이다.

지금의 불안은 과거의 관계 경험 속 상처가 '현재의 나'까지 통제하게 둔 결과다. 우리가 진짜 해야 할 일은 타인의 시선을 바꾸려 애쓰는 것이 아니라 과거와 단절되지 못한 내 안의 두려움을 직면하는 것이다. 내가 나의 '좋은 부모'가 되어줄 수 있을 때 비로소 타인의 인정 없이도 존재의 안정감을 되찾을 수 있다. 그때부터 불안은 줄어든다. 왜냐하면 그 불안은 더 이상 외부에 의존하지 않아도 되는 진정한 독립의 시작이기 때문이다.

그 시작은 나 자신과의 대화를 바꾸는 데 있다. '왜 이것밖에 못했어?'라는 비난의 말 대신 '그럼에도 불구하고 해보려 했잖아'라고 말해주는 것. 하루를 마무리하며 스스로에게 어떤 말을 건넸는지 돌아보는 것만으로도 내면의 목소리를 인식하는 힘이 생긴다. 그동안 무심코 던졌던 날카로운 말들이 얼마나 내 마음에 상처를 줬는지를 알게 되면 자연스럽게 그 말투를 바꾸고 싶은 의지가 생긴다.

이제는 격려가 필요하다. 아무도 말해주지 않아도 '나는 있는 그대로 괜찮은 사람이다', '지금 이 모습으로도 충분하다'고 나 스스로에게 반복해서 들려주는 것이다. 처음엔 어색하고 믿기지 않을 수 있다. 하지만 매일 반복하는 이 말들은 내 안의 낡은 신념을 조금씩 허물고 새로운 자존감의 기반을 만들어준다. 마치 어린 아이에게 매일 '넌 소중해'라고 말해주는 부모처럼 우리는 자신에게 그 말을 해줄 수 있어야 한다.

또한 과거의 내가 어떤 선택을 했든, 어떤 실수를 했든 그때의 나를 비난하기보다는 이해하고 품는 태도가 필요하다. '그럴 수 있지. 그때는 그럴 수밖에 없었으니까'라는 말은 후회를 끊어내고 자기 수용으로 이끄는 회복의 문장이 된다. 우리는 스스로를 몰아세우는 기준이 아니라, 따뜻하게 끌어안는 시선으로 나를 바라볼 수 있다.

이렇게 내 안에 '좋은 부모'가 자리를 잡기 시작하면 외부의 인정이나 사랑에 덜 흔들리게 된다. 관계에 집착하지 않게 되고 누군가의 말 한마디에 무너지지 않게 된다. 왜냐하면 내가 이미 나에게 가장 중요한 사람이라는 사실을 알게 되었기 때문이다.

타인의 시선보다 더 가까운 내 안의 시선이 따뜻해질 때 우리는 비로소 불안에서 자유로워지고 자신에게 든든한 심리적 기반을 만들어줄 수 있다. 그때부터 진짜 변화가 시작된다. 이처럼 변화는 언제나 자기 자신을 품는 일에서부터 출발한다.

불안은 멈추라는 신호가 아니라 방향을 묻는 질문이다

아들러는 인간이 느끼는 불안을 단순히 피해야 할 감정으로 보지 않았다. 그는 불안을 '우리에게 삶의 방향을 묻는 심리적 질문'이라고 설명한다. 다시 말해 불안은 무언가 잘못되었기 때문이 아니라 '이제는 다른 방식으로 나를 돌보아야 할 때'라는 신호일 수 있다는 것이다.

타인의 시선을 과도하게 의식하는 태도 안에는 '나는 나 자신을 얼마나 믿고 있는가?'라는 질문이 숨어있다. 누군가의 사랑이 떠날까 두려운 감정 뒤에는 사실 '나는 스스로에게 충분한 지지를 보내고 있는가?'라는 물음이 깔려 있다.

불안은 멈추라는 경고가 아니다. 오히려 지금까지와는 다른 방식으로 살아보라는 제안이다. 우리가 불안을 느낄 때마다 해야 할 일은 그 감정을 억누르거나 없애려는 것이 아니라 그 감정이 어디서 왔는지, 무엇을 말하고 있는지 귀 기울이는 일이다.

아들러는 말한다. 감정은 행동을 위한 '목적의 신호'라고. 그러니 불안이 커졌다는 것은 지금 내가 품고 있는 삶의 목적이 나를 더 이상 지지하지 못하고 있다는 뜻이기도 하다. 그럴 땐 목적을 바꿔야 한다. 타인의 인정이 아니라 나 자신의 회복과 지지를 향한 방향으로.

불안을 통해 우리는 스스로에게 질문할 수 있다.

'나는 나 자신과 어떤 관계를 맺고 있는가?'

이 질문에 답하려 할 때 비로소 불안은 우리를 짓누르는 감정이 아니라 성장을 부르는 신호로 바뀐다. 결국 불안은 삶을 멈추게 하는 감정이 아니라 삶을 바꾸게 하는 메시지다. 그리고 그 메시지를 읽을 수 있을 때 우리는 더 이상 불안에 휘둘리지 않고 스스로의 삶을 선택할 수 있게 된다.

불안해도 괜찮습니다

Day 30

흔들릴 때마다 꺼내 보는
나만의 북극성

방향을 잃을 때마다 돌아갈 수 있는 삶

우리는 누구나 흔들린다. 예기치 못한 실패, 예상과 다른 평가, 관계에서의 갈등은 삶을 방향 없이 떠도는 배처럼 만들곤 한다. 그럴 때 필요한 건 거창한 해결책이 아니다. 단지 다시 나침반을 들여다볼 수 있는 단단한 기준, 흔들릴수록 더 또렷해지는 '북극성' 같은 것이다.

아들러는 인간이 고통스러운 상황에서 벗어날 수 있는 열쇠를 '의미부여'에서 찾았다. 그는 인간을 단순히 자극에 반응하는 존재가 아니라 자신이 겪은 일을 어떻게 해석하고, 어떤 의미를 부여하느냐에 따라 전혀 다른 삶을 살아갈 수 있는 주체로 보았다. 같은 경험이라도 어떤 이는 그것을 성장의 기회로 삼고, 어떤 이는 좌절의 이유로 삼는다. 중요한 것은 무엇을 겪었느냐보다 그 경험에 어떤 의미를 붙였느냐다.

아들러의 이론 중 '생활양식' 개념은 여기서 중요한 역할을 한다. 그는 인간이 성장 과정에서 자신만의 삶의 방식과 의미체계를 형성한다고 보았다. 그리고 그 양식은 단지 습관이 아니라 세상을 바라보는 관점이자, 삶의 목적과 방향을 정하는 기준이다. 즉, 나만의 '삶의 의미'가 건강하게 형성되어 있다면 어떤 상황에서도 그 방향을 따라 삶을 정렬할 수 있다는 것이다.

이때 중요한 건 '그 의미가 나를 위한 것인가'이다. 타인의 기대나 외부의 평가가 아니라 내가 나답게 살기 위해 붙든 진짜 이유 말이다. 생활양식이 건강하게 정립된 사람은 삶의 위기 앞에서도 자신만의 기준으로 중심을 잡는다. 타인의 인정에 따라 흔들리지 않고, 자신의 삶에 대한 책임을 외부가 아닌 내부에서 찾는다. 반면 생활양식이 회피나 열등감 위에 형성된 사람은 삶의 어려움 앞에서 '내가 이렇게 된 건 과거 때문'이라는 식으로 자신의 현재를 외부에 전가하고, 변화의 가능성을 닫아버린다.

북극성은 언제나 같은 자리에 있다. 눈에 보이지 않을 때도, 방향을 잃은 것 같을 때도 늘 거기에 있다. 마찬가지로 내 삶의 의미도 한 번 제대로 자리 잡히면 흔들림 속에서도 나를 다시 중심으로 불러올 수 있다.

반면 건강하지 못하게 정립된 생활양식은 삶 전체에 깊은 왜곡을 남긴다. 아들러에 따르면 생활양식이 열등감이나 회피적 태도를 기반으로 형성되면, 그 사람은 세상을 '두려움'과 '비난'의 렌즈로 바라보게 된다. 이때 삶의 의미는 '회피해야 할 실패', '증명해야 할 존재가치'로 축소된다. 결과적으로 인간관계에서는 끊임없이 인정받으려 하고 실패는 존재의 무가치함으로 해석되며 변화는 위협으로 느껴진다.

이처럼 왜곡된 생활양식은 외부 자극에 따라 쉽게 흔들리는 자아를 만든다. 한 번의 비판에도 무너지고 타인의 기준에 스스로를 맞추느라 진짜 원하는 삶을 잊어버린다. 자율성과 주도성은 사라지고 그 자리를 눈치 보기와 과잉 방어가 대신한다. 현실과 맞닿지 않은 이상적 기준을 세우고 거기에 끊임없이 쫓기며 불안과 긴장 속에 사는 것이다.

따라서 건강하지 않은 생활양식을 바로잡는 첫걸음은 지금 내가 쫓고 있는 삶의 의미가 누구의 것인지, 정말 나를 위한 것인지 진지하게 돌아보는 것이다. 의미는 스스로 선택할 수 있다. 내가 결정한 의미만이 북극성처럼 내 삶을 이끌 수 있다. 흔들리지 않는 삶은 단단한 의미에서부터 시작된다.

용기는 뇌를 바꾸고 마음은 몸을 움직인다

물리적 조건은 인간의 운명이 아니다. 아들러는 이를 누구보다 강하게 주장한 심리학자였다. 그는 인간의 삶을 결정짓는 것은 '신체의 불완전함'이 아니라 그것을 어떻게 해석하고 받아들이느냐의 심리적 태도라고 보았다. 예컨대 어떤 이는 질병, 장애, 외모의 콤플렉스를 스스로의 한계로 단정하고 움츠러드는 반면 또 다른 이는 그것을 극복의 발판으로 삼아 놀라운 성장을 이뤄낸다. 아들러는 이 차이를 '마음이 몸을 다스리는 힘'에서 찾았다.

이러한 아들러의 통찰은 현대 과학에서도 점점 더 뚜렷하게 입증되고 있다. 대표적인 예가 바로 플라시보 효과 placebo effect다. 예컨대 플라시보 효과란 환자에게 실제 약물이 아닌 가짜 약예: 설탕 알약을 투여했음에도 '효과가 있을 것이다'라는 믿음만으로 증상이 호전되는 현상을 가리킨다.

이는 단순한 착각이 아니다. 환자가 약을 먹었을 때 뇌에서

불안해도 괜찮습니다

실제로 도파민, 엔도르핀, 면역반응과 관련된 화학물질이 활성화되며 생리적으로 유의미한 반응이 일어난다. 즉, 마음이 '약처럼 작동하는 신호'를 몸에 보내고, 몸은 그 신호에 따라 회복을 시작하는 것이다.

아들러는 바로 이 지점을 꿰뚫었다. 인간은 조건에 반응하는 기계적 존재가 아니라 자신의 해석과 의미부여에 따라 생리적 반응마저 바꿀 수 있는 존재다. 다시 말해 신체의 제약보다 훨씬 더 중요한 것은 '그 제약을 어떻게 받아들이는가' 하는 태도다. 마음이 주도권을 잡는 순간 삶의 방향은 전혀 다른 곳을 향한다. 플라시보는 그저 약의 착각이 아니라 아들러가 강조한 '마음이 몸을 다스리는 심리적 현실'을 보여주는 과학적 증거다.

인간의 신체 조건은 주어지는 것이지만 마음은 그것을 해석하고 환경에 맞게 조절하는 능동적 작용을 한다. 그리고 그 마음의 작용은 뇌의 구조와 기능에도 영향을 준다. 오늘날 뇌과학은 이를 '신경가소성neuroplasticity'으로 설명한다. 반복되는 경험과 생각, 감정이 뇌의 신경망을 재구성한다는 것이다. 즉, 용기를 내어 행동하고자 하는 의지가 반복될수록 뇌는 실제로 더 용기 있는 방향으로 바뀔 수 있다.

아들러는 이것을 이미 심리학적 언어로 간파했다. 그는 "용기 있는 사람은 뇌마저 달라진다"고 표현했다. 이것은 단순히 계도적인 주문이 아니다. 인간은 본래 불완전한 존재이며 그 불완전함은 필연적으로 열등감과 두려움을 유발한다. 그러나 아들러는 말한다. 문제는 열등감 그 자체가 아니라 그 열등감을 대하는 태도라고. 누군가는 그것을 회피와 적개심으로 전환하고 누군가는 그것을 도약의 계기로 삼는다. 중요한 건 어떤 상황에서도 다시 협동하고자 하는 의지다.

아들러는 인간이 지닌 가장 위대한 능력 중 하나가 바로 '협동'이라 했다. 이는 단순히 함께 무언가를 하는 차원을 넘어, 상대를 '유추'하고 이해하려는 능력을 뜻한다. 타인의 입장에서 생각하고 그 마음을 짐작해보려는 순간 우리는 심리적으로 연결되기 시작한다.

내 삶을 바꾸는 힘은 '지금 여기'의 선택에 있다

아들러는 인간이 과거의 조건에 종속된 존재가 아니라고 말한다. 삶을 결정짓는 건 과거의 상처나 신체의 제약이 아니라 지금 이 순간 내가 어떤 선택을 하느냐는 '의지의 방향'이다. 우리는 언제든 새롭게 삶을 정의할 수 있고 자신만의 의미를 다시 세울 수 있다. 중요한 것은 '왜 그랬는가'가 아니라 '지금 여기서 나는 무엇을 할 것인가'라는 질문이다.

이 질문은 마치 매일 아침 떠오르는 해와 같다. 어제의 어둠이 아무리 깊었어도 태양은 다시 떠오르고 세상은 새로운 하루를 시작한다. 삶도 마찬가지다. 우리가 지나온 날들이 어떤 상처와 실패로 얼룩져 있든 오늘이라는 하루는 언제나 새롭게 주어진다. 그 하루의 첫 선택이 어제를 딛고 다시 나아가려는 의지라면 그것만으로도 우리는 삶을 다시 시작할 수 있다. 변화는 거창한 결심이 아니라 매일 아침 새롭게 떠오르는 마음에서부터 시작된다.

생활양식이란 단순한 습관의 문제가 아니라 삶의 해석 방식이다. 따라서 삶이 흔들릴 때 우리가 해야 할 일은 더 이상 과거를 들춰보는 것이 아니라 현재의 의미를 다시 세우는 일이다. 내 삶의 의미가 내가 아닌 타인의 기준에서 비롯된 것이라면 그것은 나를 위한 길이 될 수 없다. 반대로 지금의 내가 진정 원하는 방향이 무엇인지 정직하게 마주하고 그 의미를 나 자신에게 부여하는 순간 삶은 다시 중심을 찾는다.

우리는 매일 자신을 조금씩 새롭게 만들 수 있다. 작지만 단단한 선택들, 진심에서 비롯된 실천 하나하나가 지금까지의 낡은 패턴을 바꾸고 새로운 삶의 지도를 그리기 시작한다. 그리고 그 변화는 '지금 여기'에서만 가능하다. 지금 이 순간 내가 내 삶의 의미를 다시 선택할 수 있다는 사실. 그것이 곧 변화의 출발점이자 삶을 다시 붙드는 가장 강한 힘이다.

Day 31

불안은
성장의 증거이다

불안을 두려워하지 않을 때 진짜 어른이 된다

사춘기는 인간 발달의 가장 역동적인 시기 중 하나다. 신체의
변화와 함께 감정, 사고, 관계 전반에 걸쳐 격렬한 흔들림이 일
어난다. 아들러는 이러한 사춘기의 불안과 욕망을 단순한 문제
로 보지 않았다. 그는 오히려 이 시기를 '자기 존재를 증명하려
는 몸짓의 연속'으로 이해했다.

사춘기의 아이들은 스스로가 누구인지 끊임없이 묻고 그것을
행동과 말로 확인하려 한다. 때로는 반항적으로, 때로는 극단적

으로 표출되기도 하지만 그 모든 표현은 결국 '나라는 존재가 어떤 의미를 지니는지'를 찾으려는 시도다.

또한 이 시기에는 범죄율이 높아지기도 하는데 아들러는 그 이유를 '정체성의 혼란'과 '소속의 결핍'으로 설명했다. 아이들이 집단 속에서 자신을 증명받지 못할 때 그 결핍을 과시나 위반으로 채우려는 경향이 생긴다는 것이다.

특히 성性에 대한 과도한 관심은 자존감과 연결된다. 아들러는 "사춘기의 성은 단순한 생물학적 본능이 아니라 관계 속에서 자신의 가치를 확인받고자 하는 심리적 움직임"이라고 봤다. 그래서 사춘기의 성을 과도하게 금기시하거나 통제하려 하면 아이는 더욱 왜곡된 방식으로 그 욕망을 표현하려고 한다.

사춘기의 욕망은 억제되어야 할 문제가 아니라 건강한 방향으로 전환되어야 할 에너지다. 아들러는 성교육의 본질이 '지식 전달'이 아니라 '관계의 책임'을 가르치는 데 있다고 보았다. 성을 단지 금지하거나 두려움으로 통제하는 것이 아니라 그것이 타인과의 연결 속에서 얼마나 존중과 배려를 필요로 하는 행위인지 알려주는 것이 중요하다. 부모가 먼저 이 욕망을 이해하고 수용하는 자세를 보일 때 아이는 자신의 욕망을 부끄러워하지 않고 그것을 긍정적 성장의 동력으로 사용할 수 있다.

결국 사춘기의 불안은 '나는 누구인가', '나는 괜찮은 존재인가'를 묻는 통과의례와 같다. 그 불안을 부정하지 않고 마주할 때 아이는 비로소 진짜 어른으로 나아가는 문턱에 선다. 아들러는 말한다. "불안은 병이 아니라 성장을 향한 움직임이다." 이 시기를 잘 통과한 아이는 자율성과 책임감을 갖춘 성인으로 자라난다. 사춘기는 무언가 잘못되었다는 신호가 아니라 더 나아지기 위한 준비의 시간이다. 그렇기에 불안은 두려움이 아니라 가능성의 시작이다.

성장의 여정은 청소년기에만 머무르지 않는다. 어른이 된 이후에도 우리는 또 다른 형태의 '사춘기'를 맞는다. 직장에서의 자아 상실, 관계에서의 소외감, 삶의 의미를 놓쳤다는 허탈감을 느낄 때 우리는 다시금 '나는 누구인가'를 묻는 삼성직 사춘기를 경험한다.

아들러는 인간이 일생을 통해 성장할 수 있다고 믿었다. 나이가 들었다고 해서 더 이상 흔들리지 않는 것은 아니다. 오히려 어른이 된 후 겪는 불안은, 겉으로는 성숙해 보일지라도 내면의 미해결 과제를 드러내는 또 다른 신호다.

이때 우리는 다시금 그 불안을 정면으로 마주하고 '지금 여기서 나는 무엇을 선택할 것인가'라는 질문을 던져야 한다. 불안은 여전히 나에게 가능성이 남아있음을 알려주는 증거다. 그러므로 어른의 사춘기 또한 성장의 한 과정이다.

우리는 불안을 통해 스스로에게 귀 기울이고 삶의 의미를 새로이 구성해 나갈 수 있다. 아이들이 사춘기를 지나 어른이 되듯, 어른도 새로운 의미를 찾아 나설 때 진짜 어른이 되어간다. 그렇게 불안은 나를 더 나은 나로 이끄는 방향타가 된다. 그것은 두려움이 아니라 변화의 시작이다.

협력을 배우지 못한 아이는 세상에 분노한다

아들러는 범죄자의 심리를 결코 선천적인 악으로 보지 않았다. 그는 '범죄는 그 사람이 선택한 잘못된 해결 방식'이며 그 선택 뒤에는 대개 비뚤어진 환경과 왜곡된 소속감의 경험이 있다고 보았다.

특히 주목한 건 어린 시절의 사회적 관계, 그중에서도 '협력'을 배워본 적 없는 아이들이었다. 아들러는 타인과의 관계에서 지속적으로 배척되거나 자신이 쓸모없는 존재라는 메시지를 받은 아이들이 결국 세상을 적으로 돌리게 된다고 말한다.

아들러는 범죄를 그 사람의 인격적 타락이 아니라 '잘못된 문제 해결 방식'이라고 말한다. 즉, 사회적 기여와 연대를 배우지 못했기 때문에 자신의 존재감을 과시나 폭력, 거짓으로 드러내려 한다는 것이다.

중요한 것은 이런 아이들의 내면에는 언제나 '자신도 사랑받고 싶다'는 갈망이 있다는 점이다. 많은 문제아들은 범죄를 저지른 후에야 겨우 주목받곤 한다. 비뚤어진 방식이지만 그것이 그들이 경험한 유일한 소통방식일 수도 있다.

어린 시절의 상처는 종종 '나는 사랑받지 못한다'는 왜곡된 신념을 만든다. 그 신념은 '나는 누군가를 다치게 해야만 주목받을 수 있다'는 왜곡된 방식으로 표출된다. 그들은 스스로에게 말한다.

'이 세상이 먼저 나를 받아주지 않았다.
그러니 나도 맞서야 한다.'

이것이 바로 아들러가 말한, 협력을 배우지 못한 겁쟁이의 분노다.

실제로 많은 청소년 범죄자들은 자신이 문제 행동을 했을 때 비로소 부모나 어른들이 자신에게 관심을 보였다고 말한다. 잘못된 방법이지만 그것이 유일한 연결의 경험이었던 것이다.

문제는 이 아이들을 바라보는 어른의 태도다. 아들러는 "문제아를 지도하는 가장 어리석은 방법은 꾸짖는 것"이라고 말했다. 그런 지도는 아이에게 또 다른 소외감을 안겨줄 뿐이다. 그보다는 '너도 이 사회에 기여할 수 있는 존재야', '네가 가진 재능은 여전히 의미 있어'라는 메시지를 줘야 한다.

아이들을 이해하려는 시선만큼이나 '나 자신'을 되돌아보는 시선도 필요하다. 혹시 어린 시절의 나 역시 '협력'을 배우지 못한 채 마음속 어딘가에 분노를 품고 자라지 않았을까? 사랑받고 싶었지만 표현하는 방법을 몰랐고 칭찬보다 지적을 더 많이 들으며 자신감을 잃어갔던 순간들이 있었다면, 그에 대해서도 나만의 방식으로 세상에 저항하고 있었던 건 아닐까?

지금의 내가 겪고 있는 감정적 충돌이나 반복되는 행동 패턴이 때로는 '어린 시절의 해소되지 않은 감정'에서 비롯된 것일 수도 있다. 그것이 설령 누군가에게 상처를 주는 방식으로 나타났더라도 그 이면엔 '나도 연결되고 싶었다'는 간절한 외침이 있었을 것이다. 우리는 너무 늦기 전에 그 손을 먼저 잡아줄 수 있는 사람이 되어야 한다. 그리고 무엇보다 그 손을 처음 잡아

불안해도 괜찮습니다

줘야 할 대상은 바로 나 자신인지도 모른다.

상처받은 아이는 지금도 우리 안에서 말을 걸고 있다

우리는 종종 '지금의 나'만을 문제 삼는다. 감정 조절이 어렵고 관계에서 상처를 쉽게 받고 때로는 스스로를 미워한다. 하지만 아들러의 말처럼 오늘의 어려움은 어릴 적 충족되지 못한 소속감과 협력을 이뤄본 경험의 부재에서 비롯된다.

'사춘기의 불안'이 정체성을 찾으려는 몸짓이었다면, 어른이 된 후의 불안은 그때 미처 치유되지 못한 상처의 반복이다. 그리고 그 상처는 '넌 괜찮은 존재야'라는 단 한마디의 위로를 듣지 못한 자리에서 비롯된다.

그러므로 우리는 자기 안의 어린아이에게 다시 말을 걸어야 한다. 내면의 오랜 침묵을 풀어주기 시작할 때 우리는 비로소 진짜 어른이 된다. 스스로를 안아줄 수 있을 때 타인을 이해할 힘도 생긴다. 협력을 배우지 못해 분노로 살아온 과거조차 이 새로운 이해 속에서 다시 쓰일 수 있다. 우리는 상처 입은 채로도 다시 시작할 수 있다.

불안은 아직 내가 살아있고 변화하고자 한다는 증거다. 그리고 그 변화의 출발점은 잊고 지냈던 내 안의 아이에게 '괜찮아. 네 잘못이 아니야'라고 말해주는 순간에서부터 시작된다. 어쩌면 지금 우리 모두에게 필요한 것은 커다란 해답이 아니라 그 작은 위로일지 모른다.

불안해도 괜찮습니다

Day 32

변화가 두렵다면
작은 한 걸음부터 시작하기

작은 용기를 위한 마음의 신호, 꿈

변화는 언제나 두렵다. 새로운 선택 앞에 설 때면 마음은 망설이고 가끔은 도망치고 싶어진다. 아들러는 인간의 행동을 결성 짓는 것은 '논리'가 아니라 '정서'라고 말한다. 즉, 우리가 변화를 주저하는 이유는 상황이 위험해서가 아니라 그 상황을 그렇게 '느끼고' 있기 때문이다. 그리고 그 감정은 종종 우리가 의식하지 못한 채 마음 깊은 곳에서 우리를 흔든다.

아들러는 꿈을 통해 이 무의식의 감정을 해석할 수 있다고 보왔다. 그는 "꿈은 단순한 예언이나 미신이 아니라 현재의 삶을 해석하는 수단"이라 했다. 꿈은 우리 마음의 상태를 은유적으로 보여준다. 예컨대 무언가를 자꾸 놓치거나 누군가에게 쫓기는 꿈을 반복해서 꾼다면 그것은 '변화 앞에 선 두려움'이나 '실패에 대한 불안'이 마음속 깊이 자리하고 있다는 신호일 수 있다. 아들러는 이러한 꿈이 현실에서의 회피를 정당화하기 위한 '자기보호의 전략'일 수도 있다고 분석했다.

하지만 동시에 그는 말했다. 꿈은 우리를 향한 마음의 메시지이자 위로라고. 꿈은 우리를 겁주기 위해 찾아오는 것이 아니라 지금 내가 얼마나 두렵고 흔들리는지를 보여주는 거울이다. 그렇기에 우리는 그 꿈을 부끄러워할 필요가 없다. 오히려 그 꿈을 통해 내가 변화 앞에서 얼마나 용기를 필요로 하는지를 알 수 있다. 그리고 그 용기는 반드시 거대한 결단으로 시작하지 않아도 된다. 지금 느끼는 불안도, 변화의 문 앞에서 움츠러든 마음도 모두 '목적을 향해 가는 길' 위에 놓여있는 것이다.

그렇다면 꿈이 우리의 마음을 위로해준다는 것은 어떤 의미일까. 그것은 단지 '괜찮다'고 말해주는 감상적인 위로가 아니다. 오히려 지금 내가 어디에서 멈춰 있는지, 무엇을 두려워하고 있는지를 조용히 알려주는 정직한 내면의 대화다.

불안해도 괜찮습니다

아들러가 말했듯 우리는 의식적으로 드러내지 못한 감정조차 꿈을 통해 표현하고 해석할 수 있다. 이는 곧 마음이 우리를 돕기 위해 끊임없이 신호를 보내고 있다는 증거다. 그 신호에 귀기울일 수 있다면 우리는 두려움을 억누르지 않고 '이해'할 수 있게 된다. 그리고 그렇게 이해된 감정은 더 이상 우리를 압도하지 않는다. 꿈은 그래서 우리를 마비시키는 것이 아니라 스스로를 돌아볼 용기를 제공한다.

변화를 앞두고 있는 당신에게 꿈이 찾아왔다면 그것은 두려워하라는 경고가 아니라 '지금 이 감정도 괜찮다'는 안심의 메시지다. 그리고 그 안심이야말로 우리가 다시 작은 한 걸음을 내딛을 수 있도록 돕는 가장 실질적이고 따뜻한 위로다.

공허를 치유하는 길, 공헌의 감각을 회복하는 것

작은 한 걸음이 결국 삶의 방향을 바꾸는 시작점이 될 수 있다는 사실은 아들러가 강조한 '협력'과 '공헌'의 개념에서도 잘 드러난다. 그는 인간의 성장과 직업 선택, 사회적 연결을 단지 개인의 성취가 아니라 '공동체 속에서 자신의 자리를 찾는 여정'으로 바라보았다.

아들러는 천재라 불리는 인물들의 유년기에도 주목했다. 그들은 대부분 어린 시절부터 어떤 방식으로든 자신이 타인에게 도움이 될 수 있다는 경험을 했고 그 경험이 직업적 소명의식과 연결되었다. 어린 시절의 훈련은 단지 기술을 익히는 시간이 아니라 '나는 이 사회에 필요한 존재인가?'라는 물음에 대한 답을 형성하는 시기라는 뜻이다.

예를 들어 헬렌 켈러의 경우를 보자. 그녀는 어린 시절 시청각을 동시에 잃었지만, 앤 설리번이라는 협력자의 도움을 통해 언어를 배우고 세상과 다시 연결되었다. 이때의 경험은 단지 개인적 회복을 넘어 '자신이 받은 도움을 다른 이에게 돌려줄 수 있다'는 깊은 신념으로 이어졌다. 이후 그녀는 장애인 인권운동가로 활동하여 세계 곳곳을 다니며 강연하고 글을 남겼다. 어린 시절의 '협력 경험'이 직업적 사명과 공동체적 공헌으로 확장된 대표적인 사례다.

반면 직업 선택이 공동의 복리와 단절될 때 인간은 자기 삶의 의미를 잃기 쉽다고 아들러는 지적했다. 내가 하는 일이 단지 돈을 버는 수단에 그치고 누군가에게 기여하고 있다는 감각이 없다면 아무리 화려한 성공도 내면에서는 공허하게 느껴질 수 있기 때문이다.

불안해도 괜찮습니다

화려한 조명 아래에서 수많은 사람들의 환호를 받아도 그들 중 일부는 극단적인 선택으로 세상을 떠나기도 한다. 우리에게는 이해되지 않는 일처럼 보이지만 아들러의 관점에서 보면 그것은 삶의 의미가 끊긴 상태 즉, 공동체와의 연결이 단절된 심리적 고립 상태라 해석할 수 있다.

아들러는 인간의 정신 건강을 좌우하는 핵심 요소로 '소속감'과 '기여감'을 강조했다. 즉, 내가 이 세상에 필요하고 누군가에게 도움이 되는 존재라는 확신이 없으면 외적인 성공도 삶을 지탱할 힘이 되지 못한다는 것이다. 삶의 방향을 잡고 싶다면 '무엇이 나를 빛나게 하는지'가 아니라, '나는 누구에게 어떤 방식으로 도움이 되고 싶은지'를 먼저 질문해야 한다.

변화가 두려운 이유 중 하나는 바로 이 질문이 명확하지 않기 때문이다. 하지만 지금 내가 하는 작은 실천, 누군가에게 따뜻한 말을 건네는 것, 나의 재능을 누군가의 필요에 연결해보려는 노력은 곧 변화의 가장 구체적인 시작이 될 수 있다. 그렇게 우리는 '공헌하고 있다는 실감' 속에서 자신을 다시 정의하게 된다. 그리고 그 작은 시도가 모여 결국 우리 삶의 방향을 바꾸는 결정적 전환점이 된다.

작은 걸음이 큰 변화를 만든다

변화는 항상 먼 곳이 아니라 지금 여기서 내딛는 작고 사소한 걸음 속에 숨어있다. 우리는 종종 '충분히 준비된 사람만이 시작할 수 있다'는 착각에 빠진다. 하지만 처음부터 큰 용기를 낼 필요는 없다. 중요한 건 지금의 내가 할 수 있는 만큼만 움직여보는 것이다. 그 작지만 성실한 발걸음은 어느새 마음의 긴장을 풀어주고 세상과의 연결을 회복하게 해준다. 아들러가 강조한 공동체 감각, 협력과 공헌 역시 거창한 계획이 아닌 일상 속에서의 반복된 따뜻함에서 출발한다.

아들러는 인간의 삶을 이끄는 가장 강력한 동력으로 '이웃에 대한 관심'을 꼽았다. 그는 "인간은 타인을 향한 관심을 가질 때 비로소 진정한 자신으로 살아갈 수 있다"고 말했다. 관심 받지 못한 아이는 세상을 향해 마음을 닫고, 소외된 존재는 언젠가 인류 전체를 향한 증오로 그 감정을 뒤틀 수 있다고도 경고했다. 반대로 말하면 지금 우리가 건네는 사소한 친절, 누군가를 위한 미소, 그저 곁에 있어주려는 노력 하나가 누군가의 세계를 밝히는 변화의 씨앗이 될 수 있다는 뜻이다.

우리는 누군가의 '관심' 속에서 자신을 발견하고 그 관심에 응답하며 살아간다. 그러니 지금 당신의 작은 걸음은 꼭 자신만을 위한 것이 아니어도 괜찮다. 누군가를 향한 진심이 담긴 그 발걸음은 결국 당신 자신을 회복시키는 길이기도 하다.

누군가를 이해하려는 노력, 불안한 감정을 스스로 다독이는 연습, 옆 사람에게 의미 있는 말 한마디를 전하는 시도. 그것들이 모여 내가 누구인지, 어떻게 살아가고 싶은지를 말없이 보여준다. 그러니 지금 당신이 두려워하고 있는 변화 앞에서 너무 멀리 보지 말고 오늘의 한 걸음만 내디뎌보자. 그 한 걸음이 '내가 바꿀 수 있는 삶'이라는 믿음을 만들어줄 것이다. 진짜 변화는 언제나 그렇게 조용히 시작된다.

Adlerian Psychology

5부

── 나답게 살아가는 법,

불안과 함께 성장하기

Day 33

진짜 나를 찾는 여정:
남이 아닌 나를 위한 삶

나는 지금 나를 위해 살고 있는가

아들러는 인간이 변할 수 있는 존재라고 단언했다. 그것은 단지 희망 섞인 이상론이 아니라 인간의 본질에 대한 깊은 통찰에서 비롯된 신념이었다. 그는 말한다. 인간은 과거에 의해 결정되지 않고 '지금 이 순간 어떤 목적을 향해 나아가고 있는가'에 따라 자신의 삶을 선택할 수 있는 존재라고. 다시 말해 인간은 언제든 삶의 방향을 바꿀 수 있다. 왜냐하면 우리의 행동은 환경의 결과가 아니라 '목적을 가진 움직임'이기 때문이다.

아들러는 인간이 변할 수 있는 이유를 '자기 인식의 가능성'에서 찾았다. 우리는 자신을 돌아볼 수 있는 존재이고 그렇기에 삶의 해석과 태도, 목표를 스스로 다시 선택할 수 있다. 내가 지금까지 어떤 방식으로 살아왔든 그 방식이 진정한 나의 삶이 아니었다면 우리는 멈추고 되물을 수 있다.

> '나는 지금 나를 위해 살고 있는가?
> 아니면 여전히 누군가의 기대 속에서
> 내 삶을 꾸며가고 있는가?'

많은 사람들은 '진짜 나'라는 말을 꺼내는 순간 막연한 두려움에 휩싸인다. 나를 있는 그대로 인정하는 것이 두렵고, 남들과 달라질까 봐 불안하다. 진정한 변화는 '지금까지 내가 어떤 삶을 살아왔는지'보다 '앞으로 어떤 삶을 살고자 하는지'에 달려 있다. 그 누구도 과거의 실수나 상처 때문에 평생 그 자리에 머물러야 할 의무는 없다. 중요한 것은 지금 이 자리에서 나를 위해 결단하는 용기다.

진짜 나를 찾는 여정은 남과의 비교에서 시작되지 않는다. 오히려 비교를 멈추는 순간부터 시작된다. 우리는 남보다 더 나아야 된다는 조건 없이 '있는 그대로의 나'로도 충분히 가치 있다는 사실을 다시 배워야 한다. 그리고 그 배움은 나를 바라보는 시선을 바꾸는 것에서 시작된다. 남의 시선을 좇는 삶에서 내 마음의 방향을 따르는 삶으로의 전환. 그것이 바로 변화의 출발점이며 진짜 나를 찾아가는 여정이다.

사회적 거울에 비친 나를 다시 그리기

아들러는 인간을 본질적으로 '사회적 존재'라고 보았다. 이는 단순히 우리가 공동체 안에서 살아간다는 의미를 넘어 인간의 정체성과 삶의 방향이 타인과의 관계 속에서 형성된다는 뜻이다. 우리는 어려서부터 타인의 시선과 반응을 통해 스스로를 인식하기 시작하며, 이때 형성된 '사회적 맥락'은 삶의 초기 목적을 규정짓기도 한다.

유아기부터 우리는 타인의 시선과 반응을 통해 스스로를 인식하기 시작한다. 갓 태어난 아기는 스스로의 존재에 대해 아무런 판단도 내리지 않는다. 그러나 시간이 지남에 따라 부모의 표정과 말투, 행동을 통해 자신이 어떤 존재로 받아들여지고 있는지를 감지하게 된다. 부모가 웃으며 눈을 맞춰줄 때는 '나는 소중한 존재구나'라는 메시지를 받고 반복적으로 지적받거나 무시당할 때는 '나는 사랑받기 어려운 존재인가?'라는 의심을 품게 된다.

이처럼 유아기의 사회적 맥락은 단순히 한 시기의 기억에 머무르지 않는다. 그것은 마치 토대처럼, 그 위에 삶의 목적과 행동 패턴이 쌓여간다. 그리고 그 목적은 자주 '타인을 만족시키기 위한 삶'이 될 가능성이 크다.

문제는 그 목적이 진정한 '나'를 위한 것이 아닐 수 있다는 데 있다. 나는 과연 내가 원하는 삶을 살고 있는가, 아니면 어린 시절 형성된 생활양식에 끌려가듯 살아가고 있는가? 이 질문은 우리가 스스로를 다시 해석하고 삶의 방향을 새롭게 설정할 수 있도록 돕는 중요한 열쇠가 된다.

아들러는 바로 여기에서 인간의 변화 가능성을 보았다. 우리의 삶은 과거의 사건이 아니라, 그 사건을 우리가 어떻게 '해석'했느냐에 따라 결정되며, 그 해석은 언제든 바뀔 수 있다는 것이다. 그러므로 우리가 유아기부터 받아온 사회적 메시지를 다시 성찰하고 그것이 지금 나의 삶에 어떤 영향을 주고 있는지 돌아본다면 우리는 비로소 '남이 원하는 나'가 아닌 '진짜 나'로 살아가기 위한 첫걸음을 내딛을 수 있다.

지금, 어떤 태도로 인생을 대하고 있는가

아들러는 삶의 본질을 묻는 데 있어 '무엇을 겪었는가'보다 '그 경험을 어떻게 해석하고, 어떤 태도로 살아가고 있는가'를 더 중요하게 여겼다. 그는 인간이 자신의 인생을 창조하는 방식은 외부 환경이 아니라 삶을 대하는 내면의 '태도'에서 비롯된다고 보았다. 같은 사건 앞에서도 누군가는 좌절을 택하고 또 다른 누군가는 성장을 향해 걸음을 내디딘다. 그리고 그 차이를 만드는 것이 바로 삶을 바라보는 관점 즉, 태도다.

같은 상처와 실패를 겪었더라도 그것을 '나는 안 되는 사람'이라는 자기 부정의 증거로 삼느냐, 아니면 '이 또한 성장의 과정'이라고 재해석하느냐에 따라 삶의 방향은 전혀 달라질 수 있다. 이처럼 삶의 태도는 자기 개념self-concept을 형성하는 근간이 되며, 결국 개인의 자존감, 자기 효능감, 자기 수용력에 크나큰 영향을 미친다.

우리는 사회적 존재다. 타인과의 관계 속에서 자신을 정의하고 성장한다. 이때 삶을 '경쟁'과 '우열'의 시선으로 바라보는 태도를 가질 경우 타인과의 관계는 긴장과 비교로 가득 차게 된다. 반면 삶을 '협력'과 '기여'의 시선으로 바라볼 수 있다면 관계 속에서 신뢰와 존중을 바탕으로 한 진정한 소속감을 경험할 수 있다. 아들러가 강조한 '공동체 감각'은 결국 이러한 태도적 전환에서 출발한다.

우리가 어떤 조건을 가졌느냐보다 그 조건을 갖고 어떤 태도로 살아가느냐가 삶의 만족도를 결정짓는다. 직업, 가정, 인간관계 모두 마찬가지다. 같은 상황에서도 어떤 사람은 늘 감사하고 의미를 찾으며 살아가고 또 어떤 사람은 불만과 좌절 속에 머문다. 아들러는 인간이 삶을 예술작품처럼 창조해나가는 존재라고 보았다. 그리고 그 창조의 시작이자 끝이 바로 '삶에 대한 태도'라고 말했다.

많은 사람들이 삶을 '어쩔 수 없이 주어진 것'으로 여긴다. 하지만 아들러는 말한다.

"삶은 당신이 그것에 대해
어떤 태도를 취하느냐에 따라 결정된다."

과거의 상처, 실패, 누군가의 기대 속에 살아온 시간들이 이미 벌어진 일이라 해서 우리가 바꿀 수 없는 것은 아니다. 지금

이 순간 그 모든 것을 새로운 시선으로 바라볼 수 있다면 우리는 같은 인생을 전혀 다른 방식으로 살아낼 수 있다.

진짜 나를 찾는 여정은 결국 내가 삶을 어떤 자세로 마주하느냐에 달려 있다. 남이 설정한 목표가 아니라 내가 선택한 가치에 따라 살아가기로 결심하는 것. 세상의 평가가 아니라 내 마음의 기준으로 자신을 인정하는 것. 그것이 바로 '나를 위한 삶'의 시작이다. 아들러가 말했듯 우리는 언제든 삶의 해석을 바꾸고 태도를 전환할 수 있다. 지금 그 용기를 낼 수 있다면 그 순간부터 우리는 비로소 '진짜 나'로 살아가기 시작하는 것이다.

Day 34

불안한 나도 나라는 사실
받아들이기

핑계로는 변화를 만들 수 없다

아들러는 인간이 자신의 문제를 외부 요인 탓으로 돌리는 심리를 "나쁜 그 사람, 불쌍한 나"라고 표현했다. 이는 흔히 우리가 삶에서 마주하는 불행이나 실패의 원인을 타인이나 환경 탓으로 돌리며 스스로를 정당화하려 할 때 자주 나타나는 심리 기제다.

'내가 이렇게 된 건 부모 때문이야', '저 사람만 아니었으면 내 인생은 달라졌을 거야'라는 식의 사고는 일견 그럴듯해 보이지만, 결국은 삶의 책임을 외면하게 만든다. 이런 생각은 불안을 외부로 투사해 순간적인 위안을 줄 수는 있다. 그러나 동시에 스스로의 삶을 바꿀 수 있다는 가능성을 차단하는 함정이 되기도 한다.

중요한 것은 설령 그 불안이 그렇게 형성된 감정이라 하더라도 그것이 '내 감정'이라는 사실을 인정하는 데서 변화가 시작된다는 점이다. 우리는 종종 자신의 불안이나 무력감을 타인의 탓으로 돌리면서 그것을 자신의 일부로 받아들이지 않으려 한다. 그러나 진정한 변화는 '그런 불안을 느끼는 나'조차 나의 일부로 인정할 수 있을 때 가능하다.

> '나는 지금 불안하다. 그리고 그 감정은
> 외부 탓이 아니라 내 안에서 일어난 일이다.'

이 사실을 인정하는 순간 우리는 그 감정에 휘둘리는 대신, 그 감정과 '함께 살아갈 수 있는 방법'을 찾기 시작할 수 있다. 불안이라는 감정을 스스로 인정한다는 것은 단순히 마음속 상태를 고백하는 차원을 넘어 자기 삶에 대한 책임을 되찾는 행위다.

아들러가 강조한 바와 같이 인간은 외부의 자극에 단순히 반응하는 수동적인 존재가 아니라 자신의 삶을 선택하고 이끌어갈

불안해도 괜찮습니다

수 있는 능동적인 존재다. 그렇기에 '내가 느끼는 감정은 외부가 만든 것이 아니라 내 안에서 일어난 것'이라고 인정하는 순간 우리는 그 감정과의 관계에서 주도권을 회복하게 된다.

이런 인정은 우리 삶에 여러 가지 긍정적인 변화를 가져온다.

첫째, 감정을 통제할 수 있다는 가능성을 열어준다. 외부 탓만 하게 되면 상황이 변하지 않는 한 내 감정도 변할 수 없다고 느끼게 되지만, 그 감정이 내 안에서 비롯된 것이라면 그 감정을 다룰 수 있는 주체 또한 나 자신이 된다는 확신이 생긴다.

둘째, 자기연민의 악순환에서 벗어날 수 있다. '불쌍한 나'라는 생각은 처음에는 위로처럼 느껴질지 몰라도 결국에는 자기 효능감과 자존감을 갉아먹는 감정이다. 반면에 '불안한 나도 괜찮다'고 인정하고 그 감정을 있는 그대로 받아들이는 자세는 자기 수용의 기반이 되고, 이는 곧 자기 신뢰로 이어진다.

셋째, 더 나은 선택을 가능하게 만든다. 감정을 억누르거나 외부에 전가하는 대신 그 감정을 있는 그대로 인식하고 수용하면 우리는 감정에 휘둘리지 않고 상황을 냉정하게 바라볼 수 있게 된다. 불안 속에서도 침착함을 유지할 수 있고, 회피가 아니라 실질적인 대응을 선택할 수 있는 여유가 생긴다.

삶의 주도권을 되찾는다는 것의 의미

아들러는 인간이 진정한 변화에 이르기 위해서는 무엇보다 '삶의 주도권'을 자신에게 되돌려야 한다고 강조했다. 이는 단순히 '스스로 선택하라'는 뜻이 아니다. 삶의 주도권을 가진다는 것은 내가 겪는 모든 감정과 행동에 대해 '나의 해석과 선택'이 개입돼 있다는 사실을 인정하는 일이다. 타인의 기대나 과거의 상처, 환경적 제약이 아닌 '지금 여기에서 나는 어떤 태도를 선택하고 있는가?'를 묻는 것이다.

이러한 자기 주도성은 삶의 방향을 능동적으로 결정할 수 있는 힘을 준다. 우리는 본능이나 과거의 영향에 따라 기계적으로 반응하는 존재가 아니라 무의식적으로든 의식적으로든 항상 어떤 목적을 향해 나아가고 있는 존재다.

그렇기에 삶을 바꾸기 위한 첫걸음은 '나는 지금 어떤 목적을 위해 이 감정을 선택하고 있는가'를 인식하는 것이다. 이 질문은 피해자 역할에서 벗어나 창조자이자 설계자로서의 나를 회복하게 해준다.

삶의 주도권을 되찾는다는 것은 더 이상 타인의 인정이나 과거의 기억에 끌려가지 않고 내가 원하는 방향으로 삶을 다시 설계

불안해도 괜찮습니다

하겠다는 선언이다. 그것은 내가 내 삶을 책임진다는 태도이자, 다시 말해 어떤 상황에서도 '나는 선택할 수 있다'는 자유에 대한 자각이다. 아들러에게 있어서 이러한 자각은 인간 성장의 출발점이었다. 그리고 바로 그 지점에서 우리는 내면의 불안조차 나의 일부로 껴안고 함께 앞으로 걸어갈 수 있는 용기를 얻게 된다.

아들러는 인간이 변할 수 있다고 믿었다. 그리고 그 출발점은, 핑계를 내려놓고 스스로의 감정과 선택을 책임지는 태도였다. 지금 느끼는 불안, 자주 반복되는 회피, 관계에서의 소외감들이 '그럴 수밖에 없었던 상황'이 아니라 어떤 목적을 위해 선택하고 있는 행동일 수 있다는 통찰. 그것이 아들러가 말한 성숙의 시작이다.

결국 불안한 나도 나다. 그리고 그 불안조차 내 삶의 일부로 받아들일 때 우리는 더 이상 과거의 피해자나 환경의 인질이 아니라 자신의 인생을 만들어가는 주체가 될 수 있다. 변화는 타인을 탓하는 순간이 아니라 스스로의 마음을 온전히 마주할 용기를 가질 때 시작된다.

불완전함을 껴안는 삶의 용기

아들러는 인생이란 본래 '불완전하게 시작되는 여정'이라고 보았다. 이는 단지 유년기의 미성숙함을 뜻하는 것이 아니라 인간 존재 자체가 완벽할 수 없고 그 결핍을 통해 성장한다는 통찰이었다. 우리는 누구나 불안하고 부족하고 실수하며 살아간다. 그러나 바로 그 불완전함이야말로 변화와 성숙의 가능성을 품고 있는 출발점이다.

영화 「백 투 더 퓨처」 시리즈로 알려진 미국의 유명 배우 마이클 J. 폭스Michael J. Fox는 29세에 파킨슨병 진단을 받았지만, 그는 그 순간을 삶의 막다른 길이 아닌 새로운 시작점으로 삼았다. 초기에는 충격과 현실 부정 속에서 진로에 대한 불안을 마주하기도 했지만, 곧 병을 숨기지 않고 공개함으로써 '파킨슨병 환자'라는 정체성을 자신의 일부로 받아들였다.

그는 이후 재단을 설립해 무려 20억 달러 이상의 연구 기금을 모으며, 스스로 "파킨슨병은 내 인생을 불운하게 만들었지만 동시에 나를 더 나은 사람으로 이끌었다"고 말했다. 단지 투병을 견디는 차원이 아니라 병을 자신의 삶 안에서 공헌의 에너지로 재해석한 것이다. 이렇듯 불완전함은 그것을 수용하고 자신의 일부로 삼을 때 새로운 삶의 의미를 찾고 내면의 확신과 주도권을 회복시키곤 한다. 두려움이 아닌 도전이, 절망이 아닌 기회가 시작되는 것이다.

사람들이 겪는 대다수의 심리적 문제는 완벽하지 않은 자신을 받아들이지 못할 때 생긴다. '지금 이 모습으론 안 된다', '조금 더 나아진 다음에야 시작할 수 있다'는 생각은 우리를 계속 머뭇거리게 만든다.

하지만 인간은 처음부터 완전한 존재가 아니다. 그래서 "우리는 매 순간 삶을 만들어갈 수 있는 존재"라는 아들러의 말은 곧, 지금 이 모습 그대로도 우리는 시작할 수 있다는 것을 의미한다.

불완전한 나를 인정할 수 있을 때 우리는 비로소 변화의 방향을 선택할 수 있다. 완전해지기 위해서가 아니라 진짜 나로 살아가기 위해. 그때부터 삶은 더 이상 남과 비교하거나 과거에 얽매이는 일이 아니라 매 순간 내게 주어진 삶을 책임 있게 선택해가는 용기의 과정이 된다. 그리고 그 여정에서 가장 중요한 첫걸음은 지금 이 순간의 나를 있는 그대로 껴안는 것이다.

Day 35

내면의 평온을 찾는
작은 습관들

주는 삶이 평온을 만든다

아들러는 인간의 기쁨과 안정의 원천이 결국 '건강한 인간관계'
에 있다고 보았다. 그는 "모든 기쁨은 인간관계에서 비롯된다"
라고 말하며, 우리가 진정으로 편안함을 느끼고 내면의 평화를
얻는 순간은 대개 '누군가와 연결되어 있다고 느끼는 순간'에서
온다고 강조했다.

현대인은 종종 외로움 속에서 불안을 키운다. 바쁘게 살면서
도 정작 마음을 나눌 사람이 없고 사람들 속에 있어도 고립감을

느낀다. 시장조사 전문 기업 트렌드모니터의 「2024 외로움 관련 인식 조사」에 따르면 한국 사람의 57%가 일상 속 외로움을 느끼며 1인 가구의 절반 가까이가 '고독사'를 걱정한다고 한다. 이는 단순한 감정이 아니라 건강과 삶에 심각한 경고라 할 수 있다.

이런 정서적 고립은 점점 더 삶의 에너지를 소진시키고 자기 존재의 가치를 의심하게 만든다. 아들러는 이런 상태에서 벗어나는 길로 '기여'를 제안한다. 누군가를 위해 무언가를 해보는 것, 타인의 필요에 주의를 기울여보는 것, 그리고 작더라도 정성을 담아 베푸는 태도. 이러한 행동은 단지 타인을 위한 것이 아니라 내 자신에게 '나는 쓸모 있는 존재'라는 감각을 회복하게 해준다.

실제로 직접적인 자원봉사가 자존감, 삶의 만족, 우울·불안 감소와 깊이 연관되어 있다는 연구결과는 전 세계적으로 발표되고 있다. 특히 노인증에서는 자원봉사가 우울증 환산율을 약 5~43%까지 줄여준다는 결과를 보이기도 한다. 남을 도울 때 도움을 주는 사람에게도 보상회로가 활성화되고 스트레스는 감소하며 치유적인 효과가 있다는 것이 밝혀지기도 했다.

'주는 삶'은 단순히 도덕적이거나 이타적인 이상이 아니다. 그것은 오히려 가장 실용적이고 실질적인 마음의 회복 방법이다. 누군가에게 진심 어린 관심을 건네는 것, 따뜻한 말을 나누는 것, 도움의 손길을 내미는 것, 그 모든 행위는 곧 나와 세상을 연결하는 다리가 되어준다. 그리고 그 연결감 속에서 우리는 마음 깊은 곳의 불안이 점차 가라앉는 것을 느낄 수 있다.

내면의 평온은 대단한 결단이나 특별한 사건에서 오는 것이 아니다. 하루하루의 삶 속에서 내가 어떻게 사람들과 관계를 맺고 얼마나 누군가에게 의미 있는 존재로 살아가는지를 돌아보는 데서 비롯된다. 아들러가 말한 것처럼 기쁨은 타인으로부터 얻는 것이 아니라 '타인에게 주는 삶'을 통해 스스로 만들어가는 것이다. 평온은 그 작은 실천에서 시작된다.

진짜 친구 한 명이 주는 힘

아들러는 인간의 심리적 안정을 위해 반드시 필요한 요소로 '친구라고 부를 수 있는 사람'의 존재를 강조했다. 여기서 말하는 친구란 단순히 오랜 시간 알고 지낸 사이가 아니라 '있는 그대로의 나'를 받아들이고 존중해주는 사람을 뜻한다. 우리는 타인의 시선에 흔들리고 자기 확신이 흔들릴 때 그저 곁에서 나의 존재를 의심 없이 인정해주는 단 한 사람의 지지를 통해 다시 삶을 견디는 힘을 얻는다.

아들러가 강조한 '친구라고 부를 수 있는 사람'은 단순히 인간 관계 차원의 개념이 아니다. 그것은 곧 삶의 안전망이자 고립과 불안을 가라앉혀 줄 심리적 피난처이다. 특히 한국처럼 높은 자살률과 외로움이 공존하는 사회에서는 더욱 절실하다 말할 수 있다.

실제로 대한민국의 자살률은 OECD 국가 중 가장 높다. 2024년 기준 하루 평균 39.5명이 스스로 생을 마감하고 있으며, 10대부터 30대까지는 자살이 사망 원인 1위에 해당한다. 특히 MZ세대는 이전 세대보다 더 외롭고 더 많은 불안을 호소하고 있다. 또한 그중 상당수는 '누군가 단 한 사람만이라도 내 이야기를 들어줬다면' 하는 절박한 고백을 남긴다.

아들러가 말한 '연결감'은 단순한 정서적 친밀함이 아니다. 그것은 심리적 생존에 가까운 개념이다. 내가 누군가와 연결되어 있다는 감각, 누군가가 내 마음을 알아준다는 확신, 그것이 사람을 살리는 결정적 이유가 된다. 그런 친구 한 명이 있다는 것만으로도 인간은 무너지는 순간 다시 일어설 수 있다. 결국 내면의 평온은 혼자만의 수양이 아니라 따뜻한 관계 속에서 회복되는 감정이다. 그리고 그 회복은 단 한 사람의 진심에서부터 시작될 수 있다.

아들러는 인간의 근본적인 욕구 중 하나를 '소속감'이라 보았고 그 소속감을 경험하는 가장 따뜻한 통로가 바로 진정한 우정이라고 말했다. 친구는 단지 외로움을 덜어주는 존재를 넘어 우리가 인간으로서 계속 성장할 수 있도록 돕는 심리적 거울이기도 하다.

고대 철학자 아리스토텔레스는 "친구란 두 개의 몸에 깃든 하나의 영혼이다"라고 말했다. 이는 진정한 친구란 단순히 나를 위로하는 사람이 아니라 나의 내면을 함께 살아가는 또 하나의 나임을 뜻한다. 친구와의 깊은 관계 속에서 우리는 더 넓은 세계와 연결되고 더 깊은 나 자신을 발견하게 된다. 즉, 친구는 나를 있는 그대로 드러내도 괜찮다고 말해주는 유일한 타인이다.

이처럼 진실된 우정은 인간의 내면을 지탱하는 중요한 심리적 자원이자, 아들러가 강조한 '소속감'의 실현을 가능하게 해주는 구체적인 형태이다. 우리가 외로움과 불안을 이겨내고 평온한 마음을 되찾기 위해 가장 먼저 돌아보아야 할 것도 바로 이 관계들이다.

내 감정을 숨기지 않고 이야기할 수 있는 대상, 실패를 공유해도 평가받지 않을 거라는 신뢰, 함께 울고 웃으며 삶을 나눌 수 있는 관계. 그 안에서 우리는 비로소 자기 자신을 있는 그대로 받아들이는 연습을 시작할 수 있다. 삶이 힘들어질 때 자신을 다그치기보다 친구에게 마음을 털어놓을 수 있는 용기, 그 관계를 가꾸기 위한 작고 성실한 노력이야말로 내면의 평온으로 가는 지름길이다.

아들러가 말한 '건강한 인간관계'는 결코 숫자가 아니라, 관계의 깊이와 진정성에서 결정된다. 그래서 때로는 많은 사람 속의 고독보다 단 한 명의 친구가 주는 지지가 훨씬 더 큰 힘이 된다.

사랑받으려 하지 말고 사랑하는 연습을 할 때

아들러는 인간관계의 본질을 '사랑받는 기술'에서 '사랑하는 기술'로의 전환이라고 보았다. 즉, 타인의 인정이나 애정을 갈구하는 수동적인 태도에서 벗어나 먼저 사랑을 주고 공감하고 책임지는 능동적인 존재로 성장하는 것이야말로 진정한 심리적 성숙이라는 뜻이다.

우리는 종종 관계에서 상처받지 않기 위해 '얼마나 사랑받고 있는가'를 끊임없이 확인하려 든다. 그러나 아들러는 그런 방식이 오히려 더 큰 고립감과 불안을 키운다고 말한다. 진정한 안정은 누군가에게 기대는 것에서 오는 것이 아니라 내가 먼저 따뜻한 태도로 관계를 선택할 수 있다는 믿음에서 비롯된다.

사랑을 능동적으로 이끌어가는 사람은 '나를 어떻게 대하는 지'에 끊임없이 집착하지 않는다. 대신 '내가 어떻게 대할 것인 가'에 집중한다. 이런 태도는 인간관계를 훨씬 건강하고 단단 하게 만든다.

내가 먼저 웃고 다가가고 이해하려는 자세는 상대의 방어를 낮추고 신뢰를 쌓게 만든다. 그것은 곧 나와 타인 사이의 경계 를 따뜻하게 잇는 다리가 된다. 그리고 그 다리 위에서 우리는 서로의 불안과 외로움을 조용히 마주하게 된다. '사랑받기 위해 노력하는 삶'이 아닌 '사랑하기 위해 용기 내는 삶'. 아들러는 바 로 그 전환이 인간을 더 자유롭고 충만하게 만든다고 강조했다.

평온은 사랑받고 싶은 욕망이 채워졌을 때가 아니라 내가 누 군가에게 진심을 다해 사랑을 건넬 수 있다고 느낄 때 비로소 찾아온다. 그러니 오늘 하루 '누가 나를 사랑해주었는가'를 묻 기보다 '나는 누구에게 사랑을 건넬 수 있을까'를 질문해보자. 그것이야말로 아들러가 말한 심리적 성숙의 첫걸음이며 내면의 평온으로 가는 진정한 길이다.

Day 36

관계 속에서도
나를 지키는 용기

운명을 기다리지 말고 관계를 연습하라

아들러는 "운명의 상대란 없다"라고 단언했다. 이는 인간관계에서 우리가 흔히 빠지는 착각 '누군가 나를 완성시켜 줄 사람'을 기다리는 태도에 대한 근본적인 비판이다. 그는 인간관계를 운명이나 우연의 산물로 보지 않았다. 대신 모든 관계는 우리의 선택과 태도, 책임의 결과라고 보았다. 관계는 주어지는 것이 아니라 만들어가는 것이다. 그 안에는 항상 나의 역할이 포함되어 있다.

사랑이든 우정이든 우리는 종종 관계에서 상처를 받거나 기대가 무너질 때 그것을 상대의 잘못이나 운명의 장난처럼 여기고 회피하고 싶어한다. 하지만 아들러는 말한다. 그 관계를 선택하고 유지하거나 벗어날 수 있는 힘은 결국 '나에게 있다'고. 진정한 성숙은 관계 속에서 자기를 잃지 않고도 타인과 연결될 수 있는 용기에서 비롯된다. '나를 지킨다'는 것은 결코 이기적으로 군다는 뜻이 아니다. 오히려 상대를 바꾸거나 조종하려 하지 않고, 자신을 있는 그대로 존중하듯 상대에게도 그 자유를 부여한다는 의미다.

아들러는 관계란 '동등한 인간 대 인간의 만남'이어야 한다고 했다. 한 사람이 일방적으로 희생하거나 상대의 요구에 끌려가듯 맞춰주는 관계는 오래 지속되기 어렵고 무엇보다 자기 자신을 지치게 만든다.

단언컨대 사랑에도 기술이 필요하다. 또한 기술이란 연습하고 훈련해야 익힐 수 있는 것이다. 잘 맞는 사람을 '운명처럼 만나는 것'이 아니라 서로 다른 두 사람이 '서로에게 맞춰가는 노력' 속에서 건강한 관계가 만들어진다. 그리고 그 관계 속에서 나를 잃지 않기 위해서는 항상 '나는 이 관계 안에서 어떤 감정과 선택을 하고 있는가'를 돌아보아야 한다.

에리히 프롬 역시 『사랑의 기술』에서 "사랑은 감정이 아니라 의지와 책임, 헌신이 결합된 능동적 실천"이라고 강조했다. 그는 사랑을 단순한 감정적 반응이나 열정이 아닌, 인격적 성숙을 요구하는 '행동'이자 '태도'로 보았다. 사랑은 저절로 유지되는 것이 아니라 끊임없이 돌보고 가꿔야 할 살아있는 관계다.

프롬은 사랑을 예술에 비유하며, 사랑을 잘하려면 이론과 실천이 모두 필요하다고 말한다. 즉, 사랑은 '배워야 하는 기술'이라는 것이다. 프롬은 특히 자기 사랑self-love을 강조한다. 자신을 진정으로 존중하고 사랑할 수 있는 사람만이 타인을 온전하게 사랑할 수 있다고 본다. 이는 아들러가 말한 '자신을 잃지 않고 타인과 연결되는 용기'와도 깊이 맞닿아있다. 관계 속에서 나를 버려가며 사랑하는 것은 오래 지속될 수 없으며, 오히려 상대를 탓하거나 자신을 잃어가는 지름길이 된다.

관계는 내 마음을 안전하게 보호해주는 곳이어야 한다. 그 안에서 나를 억누르고 숨기게 만드는 것이 아니라 더 솔직하고 온전한 나로 존재하게 하는 공간이어야 한다. 그렇기에 우리는 너이상 '운명의 상대'를 기다리기보다 지금의 관계에서 내가 어떤 나로 존재할지를 선택하는 용기를 가져야 한다. 아들러가 말한 '관계 속의 책임'은 그 선택에서부터 시작된다. 관계 속에서도 나를 지키는 용기, 그것이야말로 진짜 사랑이고 진짜 성숙이다.

관계도 삶도 단순하게 살아갈 용기

아들러는 복잡한 삶을 바꾸는 첫걸음으로 '단순하게 사는 것'을 제안했다. 여기서 말하는 단순함이란 무소유나 극단적 절제 같은 물리적 상태를 의미하는 것이 아니다. 그는 인간관계에서 불필요한 의심, 억측, 과도한 기대를 덜어내고 '지금 이 순간, 내가 할 수 있는 최선'에 집중하는 태도를 강조했다.

많은 이들이 사랑과 인간관계를 힘들어하는 이유는 관계 속에서 '완벽한 이해', '영원한 신뢰', '무조건적인 수용'이라는 비현실적인 기준을 설정하고, 그 기대가 무너질 때마다 깊은 실망과 분노에 빠지기 때문이다.

하지만 아들러는 묻는다.

> '그 기대는 누구의 것인가?
> 그리고 지금 그 기대가 당신을
> 행복하게 하고 있는가?'

관계를 단순하게 바라본다는 것은 내가 바꿀 수 없는 상대의 감정을 억지로 끌어오려 하지 않고 내가 지금 선택할 수 있는

불안해도 괜찮습니다

태도와 말, 행동에 집중한다는 뜻이다. 불필요한 해석과 걱정을 줄이고 관계를 있는 그대로 받아들이려는 자세. 이는 포기나 체념이 아니라 진정한 '수용'의 힘이다.

사랑은 상대가 내 기대에 부응해줄 때 성립되는 것이 아니라, 내가 나의 사랑을 어떻게 표현하고 실천하느냐에 달려 있다. 그러므로 '단순하게 산다'는 것은 곧 '불필요한 감정 소비를 줄이고, 지금 할 수 있는 일에 집중한다'는 실천적 태도이며, 그것이 관계에서도 나를 지키고 건강한 연결을 지속하는 힘이 되어준다.

데일 카네기는 20세기 초 미국의 작가이자 강연가로 인간관계와 자기계발 분야의 선구자로 널리 알려져 있다. 그는 저서 『인간관계론』을 통해 "어떻게 사람의 마음을 얻고 영향력을 행사할 수 있는가"라는 주제를 실용적이면서도 심리학적으로 풀어냈다. 이 책은 1936년 출간 이후 전 세계에 수천만 부가 팔리며, 오늘날까지도 인간관계와 소통의 고전으로 자리 잡고 있다.

데일 카네기 역시 인간관계의 핵심은 '상대방을 바꾸려 하기보다 나 자신의 태도와 접근 방식을 조율하는 데 있다'고 강조한다. 그는 "누군가를 설득하려면 먼저 진심 어린 관심을 보여야 한다"라고 말하며, 사람들은 논리보다 공감에 움직인다고 보았다. 복잡한 감정과 기대를 내려놓고 상대에게 인정과 관심을 건네는 단순한 행동이야말로 관계를 회복하고 유지하는 가장 강력한 기술이라는 것이다.

아들러가 말한 '단순한 삶의 태도'는 바로 이런 실천으로 구체화된다. '내가 바꿀 수 있는 것은 오직 나 자신뿐'이라는 자각 위에서 복잡한 마음 대신 따뜻한 관심, 억지스러운 통제 대신 진심 어린 이해를 선택하는 것. 그것이 결국 관계를 단단하게 만들고 그 안에서 나를 지킬 수 있게 하는 가장 현실적이고 단순한 용기의 실천이다.

두려움을 안고도 사랑할 수 있는 용기

아들러는 "인간은 사랑하는 것을 두려워한다"라고 말한다. 이 말은 단지 연애나 특정한 감정을 넘어선 인간관계 전반에 대한 통찰이다. 우리는 누군가를 진심으로 사랑하거나 깊이 관계 맺는 일이 결국 상처로 이어지지는 않을까 하는 두려움을 품는다. 그리고 그 두려움은 종종 스스로를 방어하고 관계를 회피하는 방식으로 나타난다. 하지만 아들러는 그 두려움 속에서도 '사랑할 용기'를 낼 수 있어야 한다고 강조했다.

관계를 맺는다는 것은 단지 좋은 감정을 주고받는 일이 아니

불안해도 괜찮습니다

다. 그것은 나의 부족함과 연약함을 드러내는 일이기도 하다. 때로는 상대의 기대에 부응하지 못하거나 상대에게 실망하는 경험도 포함된다. 그러므로 우리는 자연스레 상처받는 것을 피하고 싶어한다. 그러나 아들러는 말한다. 사랑이란 상대에게 다가가는 그 순간부터 이미 '용기'의 문제라고 말이다.

사랑은 감정이 아니라 '의지와 책임이 결합된 실천'과 같다. 사랑은 저절로 피어나는 감정이 아니라 불완전한 두 사람이 서로를 향해 꾸준히 다가가려는 노력 속에서 만들어진다. 그런 의미에서 사랑을 두려워하지 않는다는 것은 실은 상처받을지도 모른다는 가능성을 받아들이고도 여전히 사랑을 선택하는 태도다.

'운명의 상대'는 없다. 중요한 것은 내가 지금 누군가에게 진심으로 다가서려는 의지를 가지고 있는가 하는 것이다. 사랑은 타인이 나를 완성시켜주는 일이 아니라 내가 스스로를 원전히 게 받아들이고 그 상태에서 타인을 향해 손을 내미는 일이다. 결국 관계를 맺는다는 것 자체가 나를 지키는 길이 될 수 있다. 두려움을 안고도 사랑할 수 있는 용기, 그것이야말로 아들러가 말한 성숙한 인간관계의 시작이다.

Day 37

불확실한 미래,
그래도 괜찮은 이유

경쟁이 아닌 협력으로 세상을 바꿀 수 있다

아들러는 개인 수준을 넘어 사회 전체에 걸쳐, 경쟁보다는 '협력 원리'에 기반한 공동체가 필요하다고 강조했다. 그는 "칭찬은 종 종 경쟁을 낳는다"라며 경쟁이 서로 비교하고 대립하게 만들어 결국 공동체의 건강을 해칠 수 있다고 보았다. 대신 그는 "먼저 공동체를 치료하라"는 메시지를 전하며 경쟁보다 협력으로 관 계를 맺을 때 사람들은 진정한 힘을 얻을 수 있다고 했다.

　현대 사회도 이 같은 문제에 직면해 있다. 우리의 교육, 직장,

심지어 개인적 삶 곳곳에는 '남보다 더 잘해야 한다'는 압박과 비교가 만연해 있다. 한국 교육과 사회는 극심한 경쟁 구조 아래 있다. 대학 입시부터 직장, 심지어 어린 유아의 사교육까지 경쟁 문화가 확산되어 있다.

한국의 대학생 81%가 고교 시절을 '사활을 건 전장'이라 표현하며 6세 미만의 47.6% 아동이 사교육에 참여 중이라는 통계도 있다. 이런 과도한 경쟁은 스트레스, 학업 중독, 심지어 자살률 상승으로 이어지는 사회적 문제로 확산된다. 아들러가 보기에, 이러한 경쟁 중심 태도는 오히려 사람들을 소외시키고 불안을 심화시키며 진정한 성장을 가로막는다.

반면 협력적인 관계는 개인의 존재감을 강화하며, 상호 신뢰 속에서 공동체 전체가 회복되고 성장할 수 있는 토대를 마련해 준다. 핀란드는 교육 전반에서 경쟁 대신 협력을 핵심으로 두는 정책을 펼치고 있는 것으로 알려져 있다. 학교와 교사에 대한 순위 매기기를 하지 않고 시험 압박을 최소화하여 학생들이 서로 도우며 성장하도록 장려한다. OECD 조사 결과 이런 협력적 학습 환경이 학생의 소속감, 학업 몰입도, 안정감을 높이고 실패에 대한 두려움을 줄이는 것으로 드러났다.

칭찬의 방식도 다시 돌아봐야 한다. 과도한 칭찬은 '너는 특별해야 한다'는 압박을 만들고 경쟁을 부추긴다. 하지만 상대의 존재 자체를 존중하며 '너는 소중한 존재야'라는 메시지를 전하는 공감적 인정은 잔잔하면서도 강력한 협력의 언어가 된다. 아들러는 이것이야말로 공동체를 치유하는 시작점이라고 강조했다.

그래서 우리는 불확실한 미래 앞에서도 괜찮다. 비록 모든 것이 확실하지 않더라도 혼자서 경쟁하고 싸우려 하지 않아도 된다. 중요한 건 내가 속한 공동체 속에서 신뢰와 협력을 실천하며 '나는 이 공동체와 함께 성장하고 있다'는 감각을 회복하는 것이다. 경쟁이 아닌 협력의 원리에 따라 우리는 서로에게 도움이 되는 존재가 되고, 그렇게 한 걸음씩 함께 나아갈 수 있다.

아들러가 전하고자 한, 사회 전체에 대한 메시지는 분명하다. '내가 속한 공동체는 나 혼자가 아니다. 우리는 함께 성장할 수 있다'라는 믿음은 지금 우리 사회가 가장 주목해야 하는 의제다. 불확실한 미래 앞에서도 우리가 괜찮을 수 있는 이유는 바로 경쟁이 아닌 협력 속에서 함께 걸을 동지가 있기 때문이다.

나 중심에서 벗어나 더 큰 세상과 연결되기

현대인은 곧잘 '나'라는 좁은 울타리 안에 갇혀 산다. 사람들은 종종 자신만의 감정, 고통, 성취, 불안에만 몰두한 채 더 큰 세계와의 연결을 잊는다. 그러나 아이러니하게도 그렇게 자기중심적으로 살아갈수록 더 깊은 외로움과 불안에 휩싸이게 된다. 그 이유는 인간이 본래 '사회적 존재'이기 때문이다. 우리는 공동체 안에서 살아가도록 설계된 존재다. 타인과 연결되고 서로에게 의미있는 존재가 될 때 비로소 삶의 방향성과 가치를 느끼게 된다.

아들러는 이런 인간의 본질적 구조를 '소속감'이라는 개념으로 설명했다. 그에게 있어서 소속감은 단지 소속되어 있다는 느낌이 아니라 '내가 이 사회에 의미 있는 존재'라는 자각이 동반된 상태였다. 그렇기에 아들러는 "더 큰 공동체의 소리를 들어라"라고 강조한다.

여기서 공동체는 단지 가족이나 친구 같은 좁은 범위가 아니다. 이웃, 지역사회, 직장, 더 나아가 인류 전체, 자연 환경까지를 아우르는 넓은 개념이다. 자기만의 울타리에서 벗어나 더 큰세상과 관계를 맺을 때 우리는 고립된 자아에서 벗어나 비로소'살아있다'는 감각을 되찾게 된다.

이는 곧 삶의 방향이 '무엇을 더 가질 것인가'에서 '어떻게 더깊이 연결될 것인가'로 전환되는 순간이다. 예를 들어 자원봉사활동을 하거나 공동체 문제에 관심을 갖고 참여하거나 일상의 대화 속에서 상대의 마음에 진심으로 귀 기울이는 일조차도 '더 큰 세상과 연결되는 실천'이 될 수 있다. 그런 연결은 우리가 세상의 일부라는 감각을 강화시키고 외로움과 무가치감으로부터 스스로를 구출해낸다.

협력 원리에 뿌리 내린 사회는 바로 이러한 감각을 존중하고 장려하는 사회다. 경쟁이 아닌 협력이 중심이 되는 사회에서는 개인의 성공이 곧 모두의 성장으로 이어진다. 그리고 그 안에서 우리는 '내가 도움이 되는 존재'라는 긍정적인 자기인식을 경험하게 된다. 이는 아들러가 강조한 자기존중감의 핵심이자 진정한 소속감의 출발점이다.

결국 '나 아닌 것' 속에서 나를 찾는 경험이야말로 자기 치유의 가장 본질적인 길이다. 나만을 중심에 두는 것이 아니라 타인의 삶과 공동체의 필요에 귀 기울이며 살아가는 것. 그것이 아들러가 강조한 '삶의 책임'이며 우리가 진정으로 평안한 존재로 성장하기 위한 방향이다.

비교를 멈추는 순간 미래는 덜 불안해진다

인생은 타인과의 경쟁이 아니다. 인생이란 남보다 앞서거나 더 많이 가지는 것이 아니라 '어제의 나보다 나아지는 방향으로 걸어가는 것'이다. 그러나 우리는 자주 타인의 속도에 나를 억지로 맞추고 그들이 이룬 것과 내가 이룬 것을 비교하며 불안해한다. 그 비교는 끝없는 경쟁심을 부추기고 결국에는 자기 자신을 미워하게 만든다.

하지만 인생은 본래 '비교할 수 없는 고유한 여정'이다. 이 말이 사실이라면 타인의 삶은 결코 나의 기준이 될 수 없다. 아들러는 우리가 자주 느끼는 불안의 본질이 '비교'와 '경쟁'에서 비롯된다고 보았다. 그래서 그는 불안한 마음을 다스리는 첫걸음으로 "비교를 멈춰라"고 제안했다. 타인이 아닌 나 자신의 내면과 관계 맺기 시작할 때 우리는 조금씩 평온을 되찾을 수 있다.

불확실한 미래는 누구에게나 두렵다. 그러나 그 두려움을 너크게 만드는 건 '남들은 잘 살고 있는데 나만 이렇다'는 왜곡된 시선이다.

아들러는 말한다.

'그 삶은 당신의 것이 아니다.'

타인의 기준에 휘둘리지 않고 나의 삶을 있는 그대로 인정하는 순간, 불확실한 미래 속에서도 나아갈 힘이 생긴다. 우리는 모두 각자의 속도로 살아가는 존재다. 어떤 이는 천천히 가고 어떤 이는 잠시 멈춰 서기도 하며 또 다른 이는 돌아가기도 한다. 그 모든 길은 옳다. 중요한 건 '지금 이 자리에서 내가 어떤 마음으로 살아가고 있는가'이다. 비교하지 않는 삶은 스스로를 받아들이는 삶이다. 그리고 그 수용에서 비롯된 평온은 그 어떤 확신보다 강한 내적 안정이 되어준다.

　아들러가 말한 진짜 삶의 용기란 타인을 이기는 것이 아니라 불완전한 나 자신을 품고 끝까지 사랑하며 살아가는 힘이다. 그렇기에 불확실한 미래 앞에서도 우리는 괜찮다. 지금 여기에서 나의 길을 믿고 나답게 살아가기로 선택한다면 그 길은 반드시 나를 나답게 이끌어줄 것이다.

Day 38

오늘을 살아내는 힘,
지금 이 순간에 집중하기

불안도 우울도 지나가는 손님이다

우울이나 불안은 우리의 삶 전체를 규정하지 않는다. 아들러는 이러한 감정을 '가끔 찾아오는 손님'으로 바라보라고 조언했다. 감정이 찾아올 때마다 그 감정에 '동화'되지 않고 다만 지나가는 존재임을 인식하는 것이 첫 번째 과제인 것이다.

이런 태도가 바로 '마음의 여백'을 만들어 준다. 깊은 호흡, 감정의 움직임, 체온, 주변 소리 등 '지금 이 순간'에 집중하는 연습은 우리를 현재로 데려온다. 미래에 대한 불확실함이나 과거의 후회에 사로잡히는 대신 이 순간의 나를 끌어안고 살아갈 용기가 생긴다.

반대로 그 감정이 삶 전체를 덮을 때 문제가 발생한다. 우리가 불안에 휘둘리고 우울에 잠식될 때 가장 먼저 잃는 것은 '지금 여기'다. 마음은 과거의 후회에 머무르거나 불확실한 미래를 걱정할 때 현재를 떠나버린다.

우울은 어쩌면 나 자신이 보내는 신호일 수 있다. '나는 왜 이렇게 무기력한가', '무엇이 나를 지치게 하는가'를 묻고 그 질문에 천천히 귀 기울이는 태도가 필요하다. 이는 단지 감정을 견디는 것이 아니라 그 안에서 성장의 실마리를 발견하는 일이다.

아들러는 우울을 자기 성찰의 기회로 보았다. 우울을 제거해야 할 문제가 아니라 삶의 방향을 재설정하기 위한 일시적 정지 버튼처럼 여겼다. 그렇기에 우리는 아주 작고 일상적인 실천에서부터 오늘을 회복해야 한다. 규칙적인 수면, 햇빛 아래 걷는 산책, 따뜻한 대화 한 마디, 감사한 일 세 가지를 적는 습관. 이런 사소한 행동들이 마음을 위로하고 다시 하루를 살아갈 힘을 만들어준다. 그 실천 하나하나가 바로 '지금 이 순간에 집중하는 연습'이다.

아들러는 말한다. 인생의 문제는 먼 미래에 있지 않다. 오늘

불안해도 괜찮습니다

을 어떻게 살아가는가에 달려 있다. 지금 이 순간을 온전히 살아내는 힘, 그것이 바로 불안과 우울을 넘어서기 위한 가장 현실적인 용기다.

감정을 나누는 그 자체가 용기다

하지만 이 모든 실천에도 불구하고, 마음이 지치고 답답할 때가 있다. 그럴 때 우리는 감정을 숨기고 고립되려는 충동에 빠지기 쉽다. 그러나 감정은 혼자 견디는 것이 아니라 나누어야 할 무엇이다. 감정 공유는 쉽지는 않지만 충분히 가능한 일이다.

바로 여기서 '감정을 건강하게 나누는 대화법'이 빛을 발한다. 특히 'You-메시지'는 피하고 'I-메시지'를 사용하는 것이 도움이 된다. '너 때문에 힘들다'는 말은 상대를 방어하게 만들고 관계를 어렵게 하지만 '나는 그럴 때 외로움을 느꼈어'라고 말하면, 상대도 방어하지 않고 내 마음을 들을 준비를 한다.

감정을 잘 나누는 사람은 타인의 감정에도 자연스럽게 공감할 수 있다. '그랬구나', '많이 힘들었겠다'는 짧은 공감의 언어는 마음의 긴장을 풀고, 관계의 온도를 따뜻하게 만든다. 또한 좋은 감정일수록 거리낌 없이 표현하는 것이 중요하다. 감사, 기쁨, 사랑 같은 감정은 숨길수록 사라지고 표현할수록 깊어진다.

이처럼 감정을 나눈다는 것은 단순한 말의 기술이 아니다. 그것은 지금 이 순간을 살기 위한 용기이며 우울과 불안에 잠식되지 않기 위한 가장 따뜻한 저항이다. 내 마음을 솔직하게 꺼내고 누군가와 나누는 그 순간 우리는 혼자가 아니며 다시 하루를 살아갈 수 있는 힘을 되찾는다. 지금 할 수 있는 작은 대화 하나, 그게 오늘을 지키는 첫걸음이다.

지금 이 순간을 붙잡는 용기

「죽은 시인의 사회Dead Poets Society」는 1989년 개봉한 미국의 드라마 영화로 피터 위어Peter Weir 감독이 연출하고 로빈 윌리엄스가 주연을 맡았다. 이 작품은 엄격한 명문 사립학교 '웰튼 아카데미'를 배경으로 기존 교육 방식에 도전하는 한 문학 교사의 이야기다. '자유로운 사고', '개성의 존중', '자신만의 삶을 사는 용기'를 중심 주제로 삼아, 당시 교육 시스템과 사회 분위기에 큰 울림을 줬다. 이 영화는 비평과 흥행 양면에서 큰 성공을 거두었고 아카데미 작품상 후보에 올랐으며 '최우수 각본상'을 수상하기도 했다.

불안해도 괜찮습니다

로빈 윌리엄스는 이 작품을 통해 코미디언 이미지를 넘어서 진정성 있는 연기자로 다시금 조명받았다. 특히 "Carpe diem. Seize the day"라는 문장은 전 세계적으로 회자되며, 많은 이들의 인생을 대하는 태도에 큰 영향을 미친 명대사로 남았다.

영화에서 존 키팅 선생님은 첫 수업에서 학생들을 복도 진열장 앞으로 데려간다. 오래전 졸업생들의 사진 앞에서 그는 말한다.

> "카르페 디엠, 지금 이 순간을 붙잡아라.
> 너희의 삶을 특별하게 만들어라."
>
> "Carpe diem. Seize the day, boys.
> Make your lives extraordinary."

그리고 조용히 사진 속 인물들을 가리키며 속삭이듯 말한다.

> "이들도 언젠가는 숨 쉬고 뛰놀았던 사람들이었다.
> 하지만 지금은 모두 흙이 되었지.
> 그러니 오늘을 살아라."

이 장면은 많은 이들에게 깊은 인상을 남긴다. 언젠가 우리의 시간도 끝날 것이라는 사실, 그래서 지금 이 순간을 살아야 한다는 깨달음. 키팅 선생님의 가르침은 단지 낭만적인 문장 이상의 울림을 준다. 그것은 삶이란 결국 '지금'의 연속이며 오늘이라는 시간 안에서만 우리가 진짜 살아있을 수 있다는 진리를 말해준다.

아들러 역시 인생의 본질은 '오늘을 살아내는 것'에 있다고 말한다. 불안도 우울도 삶 전체를 삼키는 존재가 아니라 지나가는 손님처럼 흘러간다. 중요한 것은 감정에 잠식되지 않고 지금 여기, 이 순간을 온전히 살아내는 태도다.

그리고 그 순간을 살기 위한 가장 실천적인 방법 중 하나는 마음을 솔직하게 나누는 일이다. '감정을 표현하는 것'은 단순한 커뮤니케이션이 아니다. 그것은 지금 이 순간 내 안에서 무슨 일이 일어나고 있는지를 인식하고 그것을 세상과 연결하는 행위다.

지금이 아니면 안 된다. 지금을 살아내지 못하면 언젠가 아무것도 남지 않게 된다. 오늘을 살아내는 힘, 그것은 아주 작고 사소한 선택에서 비롯된다. 감정을 솔직히 말하는 용기, 누군가의 말을 진심으로 들어주는 태도, 따뜻한 햇살을 느끼며 걸어보는 산책, 고맙다는 말을 전하는 짧은 메시지. 이 모든 것이 바로 '지금 이 순간'을 살아가는 방식이다.

불안해도 괜찮습니다

우리는 완벽한 미래를 보장받을 수 없다. 그러나 지금 이 순간 나의 말과 행동, 선택 하나로 오늘을 의미 있게 만들 수는 있다. 그리고 그 하루하루가 쌓여 결국 '괜찮은 삶'을 만들어낸다. 그러니 망설이지 말고 오늘을 살아내라. 아들러가 말한 것처럼 삶은 언젠가가 아니라 '지금 여기'에 있다.

Day 39

내게 용기를 주는
아들러의 한 문장

지금 하고 싶은 일을 하고 있는가?

아들러는 당신이 지금 '진짜 하고 싶은 일'을 하고 있는지를 묻는다. 인생의 의미는 누군가로부터 주어지는 것이 아니라 오직 자신이 부여하는 것이다. 그렇기에 위 질문은 단순한 물음이 아니다. 직장인으로서 매일 반복되는 일상 속에서 '이 일이 정말 나의 삶을 의미 있게 만드는가?'라는 질문을 던지게 하는 촉매다.

특히 '일의 교육학education of work' 관점에 따르면, 직장은 단순히 생계를 위한 공간이 아니라 '배우고 성장하는 공간'이다. 이 관점은 아들러가 강조한 삶의 방향성과도 깊이 맞닿아있다. 아들러는 '지금 하고 싶은 일을 하고 있는가'라고 묻는다. 이는 단순한 직업 선택의 문제가 아니라 지금 내가 살아가는 태도와 삶의 의미를 어디서 발견하고 있는지를 돌아보게 하는 질문이다.

사람은 일을 통해 배운다. 지식이나 기술만이 아니라 자율성, 책임감 그리고 자신이 공동체에 기여하고 있다는 감각을 배운다. 특히 경력의 단계에 따라 배움의 의미는 달라진다. 초반에는 자율성과 성장을 위한 배움이 중심이 되고, 중반에는 누군가에게 실질적인 기여를 하는 경험이 중요해진다. 장기 경력자에게는 일 자체가 삶의 통합과 자아실현의 공간이 된다.

실제로 한 연구에 따르면 직장 내 자율성과 개인의 성장 기회를 조직이 얼마나 제공하느냐가 직업 만족과 자기 효능감에 직접적인 영향을 준다고 한다. 이는 결국 '내가 하는 일이 나를 나답게 만들어가고 있는가'를 묻는 일이며, 그 물음에 긍정적으로 대답할 수 있을 때 우리는 일에서 진정한 의미를 찾게 된다.

아들러는 인생의 의미는 주어지는 것이 아니라, 스스로 만들어가는 것이라고 보았다. 그리고 우리는 매일의 일을 통해 그것을 실천하고 증명해낼 수 있다. 지금 하는 일이 내 가치를 반영하고 성장의 계기가 되며 누군가에게 도움이 되는 일이라면, 그 자체로 우리는 삶을 단단히 살아가고 있는 것이다. 일을 통해 배우고 일을 통해 성장하고 일을 통해 나다워질 수 있다면 그것이 야말로 '하고 싶은 일을 하고 있는 삶'이라 할 수 있다.

아들러는 '지금 하고 싶은 일을 하고 있는가'라는 물음에서 출발해 삶의 주체성을 회복하라고 제안한다. 남의 기준이나 사회적 기대가 아닌 '내가 어떤 가치를 세우며 살아갈 것인가'에 집중하라는 것이다. 직장인이건 평범한 일상이건 우리는 스스로 삶의 의미를 정할 수 있다.

이를 위해 실천해볼 수 있는 작은 태도는 다음과 같다. 먼저 일 속에서 의미를 발견해보는 것이다. 오늘 수행한 업무가 누군가에게 어떤 도움을 주었는지, 혹은 나에게 어떤 성장을 안겨주었는지를 스스로 성찰하는 시간을 갖는 것이다. 단순히 할 일을 처리하는 것에서 그치지 않고 그 일이 지닌 가치를 발견하려는 시도가 중요하다.

다음으로 자기 주도적인 태도로 일에 임해보는 것이다. 정해진 일만 반복하기보다 새로운 방식을 시도해보거나 업무의 작은 개선 아이디어를 직접 실행해보는 것만으로도 일은 훨씬 더 생동감 있게 느껴진다.

마지막으로 함께 일하는 동료에게 감사의 마음을 표현해보는 것이다. 작은 도움을 받았을 때 짧게라도 고맙다고 인사하는 일은 그 자체로 관계를 따뜻하게 만들고 협력의 문화를 확장시키는 첫걸음이 된다. 이런 소소한 실천들이 쌓일수록 일은 더 이상 고단한 생계의 수단이 아니라 삶의 의미를 길어 올리는 성장의 장이 될 수 있다.

아들러가 전하고자 한 메시지는 명확하다. 인생의 의미는 타인이 만들어주는 것이 아니다. 나 스스로가 정하고 행동할 때 오늘도 나답게 살아갈 용기를 얻는다. 그 하나의 결단이 당신 삶의 방향을 바꿀 수 있다.

평범함을 받아들일 때 비로소 나다워진다

우리는 끊임없이 특별해지기를 요구받는다. 성과를 내야 하고 인정받아야 하며 누구보다 뛰어난 존재가 되어야 한다고 배운다. 그러나 그렇지 않다. 우리는 반드시 특별해야 할 필요가 없다. '평범해질 용기'를 가진 사람만이 진정한 자유를 누릴 수 있다. 평범해질 용기에는 열등감을 외면하지 않고 받아들이는 힘, 나의 자리를 있는 그대로 긍정하는 태도가 포함된다.

아들러의 관점에서 평범함은 결코 무가치함이나 실패가 아니다. 오히려 그것은 모든 사람에게 주어진 삶의 조건이자 진짜 자기 자신으로 살 수 있는 출발점이다. 자신을 있는 그대로 받아들이는 사람만이 타인과 건강한 관계를 맺을 수 있고 과도한 비교에서 벗어나 자기만의 길을 걸을 수 있다.

일터에서도 마찬가지다. 꼭 최고가 아니어도 좋다. 반드시 뛰어난 실적을 내지 않아도 된다. 중요한 것은 '지금 이 자리에서 나답게 살아가고 있는가'다. 사람들은 종종 자신의 직업이나 소득 수준에 따라 자존감을 가늠하고 사회적 평가에 스스로를 끼워 맞추려 한다. 이들에게 있어 '평범해질 용기'는 그런 외적 기준에서 벗어나, 내가 지금 하고 있는 일을 내 삶의 일부로 받아들이고 스스로 의미를 부여하는 힘을 말한다.

어떤 일을 하고 있든 그 일이 반드시 화려하거나 특별할 필요는 없다. 중요한 것은 그 일을 대하는 나의 태도와 그 안에서 나만의 가치를 어떻게 발견하느냐다. 예를 들어 단순한 반복 업무일지라도 그 안에서 누군가의 일상을 편하게 만들고 있다면 그것은 이미 충분히 의미 있는 일이다. 수입이 많지 않더라도 그 일 속에서 내가 성장하고 있거나 타인과 협력하는 경험을 하고 있다면 그것은 인생을 단단하게 지탱해주는 자산이다.

결국 일은 '삶의 연장선'이며 우리는 그 속에서 나답게 존재할 수 있다. 아들러는 삶의 의미는 누가 정해주는 것이 아니라 스스로 결정하는 것이라 말한다. 그렇기에 '평범한 일'도 '의미 있는 일'이 될 수 있고, '특별하지 않은 삶'도 '충만한 삶'이 될 수 있다.

'지금 여기서부터 나답게 살아갈 것이다'라는 결심만 있다면 우리가 하는 모든 일은 스스로를 성장시키는 시간이 될 수 있다. 비교와 열등감이 아닌 수용과 자율성에서 출발할 때 일은 더 이상 나를 갉아먹는 고통이 아니라 나를 빚어가는 자리가 된다. 바로 그 지점에서 우리는 아들러가 말한 '진정한 용기'를 비로소 체험하게 된다.

행복은 내가 만들어가는 길 위에 있다

행복이란 특별한 사람이나 특별한 순간에만 주어지는 것이 아니다. 오히려 그 반대다. 아들러는 행복을 '관계 속에서 자신이 의미 있는 존재라고 느끼는 감각'이라 정의했다. 누군가에게 도움이 되고 있다는 느낌, 지금 이 순간 나의 삶이 누군가와 연결되어 있다는 감정, 그리고 내가 나로서 살아가고 있다는 자각이 바로 행복의 본질이라는 것이다.

행복은 외적인 성공이나 비교에서 오는 것이 아니라, 내가 스스로 내 삶을 살아가고 있다는 감각에서 비롯된다. 출세하지 않아도 좋다. 많은 돈을 벌지 않아도 괜찮다. 중요한 것은 오늘의 내가 '내가 원하는 방향으로 살아가고 있는가', '지금 나는 내 삶의 주체로 존재하고 있는가' 하는 물음에 정직하게 대답하는 일이다. 그 물음에 '그렇다'라고 말할 수 있다면 우리는 이미 행복의 조건을 갖춘 것이다.

아들러가 말한 진짜 행복은 내가 나 자신을 있는 그대로 받아들이고 내 삶의 방향을 스스로 설정하며 타인과 건강하게 연결되어 있다는 감각 속에서 자란다. 그리고 그 행복은 거창한 변화가 아니라 나답게 살아가려는 작고 조용한 용기에서 시작된다. 비교하지 않고 도망치지 않고 있는 그대로의 나를 받아들이며 하루를 살아내는 일. 그것이야말로 아들러가 말한 '행복한 삶'의 가장 진실한 조건이다.

불안해도 괜찮습니다

Day 40

불안 속에서도
빛나는 나만의 삶 설계하기

보통 사람, 그러나 누구보다 특별한 당신에게

아들러는 '보통 사람을 위한 심리학자'였다. 그는 특출난 재능을 가진 소수보다 평범한 삶을 살아가는 다수의 가능성에 더 깊은 애정을 가졌다. 그래서 그의 심리학은 특별한 사람을 위한 이론이 아니라 우리 모두가 일상 속에서 실천할 수 있는 삶의 기술로 가득하다. '보통 사람도 행복해질 수 있다'는 것이 아들러가 남긴 가장 단단한 메시지다.

우리는 불안한 세상 속을 살아간다. 비교와 경쟁, 성취의 압박, 불확실한 미래 앞에서 흔들릴 수밖에 없는 존재다. 하지만 아들러는 그 속에서도 '지금 이 자리에서, 있는 그대로의 당신도 괜찮다'고 말한다. '지금의 나'를 받아들이는 용기, 그것이 삶의 첫 출발점이다.

자기 수용은 무기력이나 체념이 아니다. 오히려 '내가 어떤 사람으로 살아가고 싶은가'를 진지하게 묻고 그 방향으로 한 걸음 나아가려는 의지다. 삶은 완성되어야만 빛나는 것이 아니다. 여전히 진행 중인 삶, 불안정하고 모순투성이인 삶도 충분히 의미 있다.

아들러는 인간을 '미완의 존재'로 보았다. 그러면서 그 미완을 두려워하지 말고 자신이 원하는 삶의 의미를 직접 설계해가라고 권했다. 우리는 완벽하지 않아도 된다. 중요한 것은 지금 여기서 내가 선택하고 실천하는 작고 구체적인 한 걸음이다.

아들러 심리학의 출발점은 '보통 사람'이지만 그 끝은 결코 평범하지 않다. 불안 속에서도 다시 용기를 내는 마음, 소속감과 연결감을 향해 가는 노력, 타인을 있는 그대로 존중하고 자신도 존중하는 태도야말로 우리가 지금 빛나는 삶을 설계하고 있다는 증거다.

문제는 능력이 아니라 용기다

우리는 종종 '내가 부족해서', '아직 실력이 안 돼서'라는 말로 스스로를 주저앉힌다. '문제는 능력이 아니라 용기다.' 이 말은 우리 삶의 방향을 완전히 바꿔놓을 수 있는 문장이다. 그 어떤 상황에서도 중요한 것은 완벽한 준비나 특별한 재능이 아니라 지금 할 수 있는 만큼의 '실천을 선택하는 용기'라는 점을 결코 잊어서는 안 될 것이다.

우리는 모두 불완전한 존재다. 실수도 하고 실패도 하고 때론 기대만큼 해내지 못할 때도 있다. 하지만 그런 경험들 속에서 다시 한 번 일어설 수 있는 건 '지금도 괜찮다'고 믿는 용기 덕분이다.

아들러가 강조한 것은 바로 그 작은 '선택'이다. 남보나 뛰어난 사람이 되려는 완벽주의보다, 있는 그대로의 나를 인정하고 지금 할 수 있는 일을 하나씩 해나가려는 용기. 그것이야말로 진짜 성장의 힘이다.

능력은 시간이 지나며 쌓이기도 하고 환경에 따라 달라지기도 한다. 하지만 용기는 매 순간 스스로 선택할 수 있는 '태도'다. 그 태도가 쌓이면 삶은 더 이상 두려움이 아닌 도전의 장이 된다. 설령 결과가 마음에 들지 않아도 나는 시도한 사람이 되고, 시도하는 삶은 언제나 전진한다.

아들러는 우리 모두가 '보통 사람'으로 살아가면서도 '비범한 삶'을 만들어낼 수 있다고 믿었다. 그 출발점은 용기다. 특별한 자격이 없어도 좋다. 지금 이 자리에서 내 삶을 선택하고 책임지는 용기. 그것이 있다면 우리는 누구보다 단단하고 빛나는 삶을 설계할 수 있다.

도망치지 말고 삶의 주인이 되라

삶을 살아가다 보면 수많은 과제와 마주하게 된다. 일, 인간관계, 가족, 사랑, 자아실현까지 그 어떤 것도 결코 쉽거나 가볍지 않다. 때로는 너무 버거워 도망치고 싶고 '이건 내 탓이 아니야'라며 외부의 조건 탓을 하고 싶을 때도 있다. 하지만 우리의 인생은 과제에서 도망칠 때가 아니라 스스로 주체적으로 선택할 때 변화한다.

아들러는 인간을 환경의 피해자로 보는 것이 아니라 자신의 삶을 설계할 수 있는 존재로 보았다. 바꿔 말하면 '당신이 지금 어떤 삶을 살고 있는가'는 과거의 상처나 조건이 아닌 지금 이

불안해도 괜찮습니다

순간 당신이 내리는 '선택'의 결과라는 것이다. 그래서 그는 우리가 어떤 상황에서도 스스로의 삶을 바꿀 수 있는 힘을 가지고 있다고 강조했다.

주체성은 거창한 결단이 아니다. 오늘 하루를 어떻게 보낼지, 어떤 말을 하고 어떤 관계를 맺을지 그 작고 구체적인 선택을 내가 책임지겠다는 태도다.

우리는 완벽할 수 없다. 모든 문제를 한 번에 해결할 수도 없다. 하지만 도망치지 않고 마주할 수는 있다. 힘들고 불확실하더라도 다시 내 자리로 돌아와 지금 할 수 있는 일을 선택하는 것. 그 용기가 우리 삶을 앞으로 나아가게 한다.

그리고 그렇게 조금씩 주체적으로 쌓아 올린 삶은 결국 누구도 흉내 낼 수 없는 나만의 길이 된다.

아들러는 인생을 과제로 가득 찬 여정이라 했다. 그리고 그 과제를 피하지 않고 마주할 수 있는 사람만이 진짜 자유롭고 의미 있는 삶을 살 수 있다고 믿었다.

지금 당신이 어디에 있든, 무엇을 하고 있든 도망치지 않고 자신의 삶을 선택하고자 한다면 당신은 이미 삶의 주인이다. 결국 우리에게 필요한 것은 '능력'이 아니라 '용기'다.

그리고 그 용기는 당신 안에, 이미 있다.

행복은 거창한 변화가 아니라
나답게 살아가려는 작고 조용한 용기에서 시작된다.

불안해도 괜찮습니다

하루한장, 불안을 극복하는 아들러 심리학

초판 1쇄 인쇄 2025년 10월 1일
초판 1쇄 발행 2025년 10월 30일

지은이 최영원
펴낸이 이종문(李從聞)
펴낸곳 국일미디어

주 소 경기도 파주시 광인사길 121 파주출판문화정보산업단지(문발동)
사무소 서울시 중구 장충단로8가길 2(장충동1가, 2층)

영업부 Tel 02)2237-4523 ｜ Fax 02)2237-4524
편집부 Tel 02)2253-5291 ｜ Fax 02)2253-5297
평생전화번호 0502-237-9101～3

홈페이지 www.ekugil.com
블 로 그 blog.naver.com/kugilmedia
페이스북 www.facebook.com/kugilmedia
E-mail kugil@ekugil.com

- 값은 표지 뒷면에 표기되어 있습니다.
- 잘못된 책은 구입하신 서점에서 바꿔드립니다.

ISBN 978-89-7425-954-9(03180)